프랑스 요리 전문가가 만든 78가지 소스와 요리

SAUCE 소스

SAUCE 소스

발행일 2019년 11월 5일 초판 1쇄 발행
2023년 3월 6일 초판 3쇄 발행
엮은이 시바타쇼텐
옮긴이 김윤경
발행인 강학경
발행처 시그마북스
마케팅 정제용
에디터 최연정, 최윤정
디자인 김문배, 강경희

등록번호 제10-965호
주소 서울특별시 영등포구 양평로 22길 21 선유도코오롱디지털타워 A402호
전자우편 sigmabooks@spress.co.kr
홈페이지 http://www.sigmabooks.co.kr
전화 (02) 2062-5288~9
팩시밀리 (02) 323-4197
ISBN 979-11-90257-10-7(13590)

촬영 스즈키 요스케(Erz)
아트 디렉션 요시자와 도시키(ink in inc)
편집 마루타 유

FRANCE RYORI NO ATARASHII SAUCE
ⓒ Shibata Publishing Co., Ltd. 2018
All rights reserved.
No part of this book may be reproduced in any form without the written permission of the publisher.
Originally published in Japan in 2018 by SHIBATA PUBLISHING CO., LTD., Tokyo
This Korean edition is published by arrangement with Shibata Publishing Co., Ltd., Tokyo in care of Tuttle-Mori Agency, Inc., Tokyo through Enters Korea Co., Ltd., Seoul.

이 책의 한국어판 저작권은 (주)엔터스코리아를 통해 저작권자와 독점 계약한 시그마북스에 있습니다.
저작권법에 의하여 한국 내에서 보호를 받는 저작물이므로 무단전재와 무단복제를 금합니다.

파본은 구매하신 서점에서 바꾸어드립니다.

* 시그마북스는 (주)시그마프레스의 단행본 브랜드입니다.

프랑스 요리 전문가가 만든 78가지 소스와 요리

SAUCE 소스

시바타쇼텐 엮음 | 김윤경 옮김

시그마북스
Sigma Books

일러두기

* 본문에서 ●로 표시한 주는 모두 옮긴이 주입니다.
* 레시피에 기재된 분량은 만들기 쉽거나 준비하기 편한 분량입니다.
* 사용하는 재료나 조미료, 조리 환경에 따라 완성되는 상태가 달라지므로 원하는 맛이 나도록 적절히 조절해주십시오.
* 생크림은 특별히 지정되지 않은 경우 유지방 38% 제품을 사용합니다.
* 올리브 오일은 특별히 지정되지 않은 경우 가열 용도로는 퓨어 오일을, 비가열 혹은 마무리 용도로는 엑스트라 버진 오일을 사용합니다.
* 버터는 무염 버터를 사용합니다.
* 각 요리에서 소스 이외의 부분과 사용한 육수에 관한 레시피는 책의 뒷부분에 정리되어 있습니다.

| 들어가며 |

'프랑스 요리의 묘미는 소스에 있다'고 말하던 시절이 있었습니다.

프랑스 요리가 보다 자유롭고 형식에 얽매이지 않는 모습으로 바뀌어가는 지금,

머릿속에 '그렇다면 소스는 어떻지?'라는 의문이 떠오릅니다.

새로운 프랑스 요리에는 새로운 소스가 필요한 법입니다.

그렇다면 새로운 소스는 과연 어떻게 생겼을까요?

이 책에는 이런 질문을 받은 다섯 명의 프랑스 요리 전문가가 만든

78가지 소스와 소스를 활용한 요리가 수록되어 있습니다.

이를테면 다음과 같은 소스가 등장합니다.

- 요리의 주재료와 같은 재료로 만드는 소스
- 감칠맛에 의존하지 않는 소스, 색과 향이 주인공인 소스
- 온도와 식감의 변화를 조절하는 소스
- 기억이나 경험을 반영한 소스
- 전혀 새로운 방식으로 만드는 소스

개중에는 기존의 프랑스 요리에서 소스로 취급하지 않았을 법한 것도 있을지 모릅니다.

하지만 소스에 담겨 있는 생각과 기술을 접한다면

'새로운 소스'가 프랑스 요리의 계보로 이어진다는 사실을 깨닫게 될 것입니다.

요리의 변화와 보조를 맞추듯 소스는 지금 그 범위가 점차 넓어지고 있습니다.

'프랑스 요리의 묘미는 소스에 있다'고 말할 수 있는 시대가 다시 한 번 다가올 듯한 예감이 들지 않으시나요?

CONTENTS

5 　 들어가며
175 　 나의 소스 철학
181 　 요리 레시피
208 　 다섯 셰프의 육수

제1장
채소 요리와 소스

화이트 아스파라거스/아몬드/오렌지
12 　 오렌지 풍미를 더한 사바용 소스

대파/완두콩/싹눈파
14 　 구운 대파 쥐

완두콩/잠두콩/강낭콩
16 　 표고버섯과 밥으로 만든 소스

그린피스/오이/굴
18 　 오제이유 쥐와 양배추 퓌레

죽순/미역/벚꽃새우
20 　 죽순으로 만든 소스

죽순/랑구스틴/루꼴라
22 　 토마토와 산초나무 순으로 만든 소스

방울양배추/왕우럭조개
23 　 유채나물 퓌레와 감자 크럼블

감자/뱀밥
26 　 다시마와 감자로 만든 소스

감자/캐비아
28 　 바지락과 캐비아로 만든 소스

주키니 꽃/대합
30 　 대합과 올리브, 레몬 콩피로 만든 소스

은행/국화꽃
32 　 고등어포와 쑥갓으로 만든 소스

미니 양파
34 　 트러플 쿨리

줄기상추
36 　 건조 생선으로 만든 소스

순무/털게/캐비아
38 　 순무 잎으로 만든 소스와 허브 오일

순무
40 　 안초비와 아몬드 튀일

무
42 　 소라 내장과 커피로 만든 소스

라디키오/숭어 어란/피스타치오
44 　 황금귤 퓌레

라디키오
46 　 부댕 누아르로 만든 소스

제2장
해산물 요리와 소스

도화새우
50　오이 파우더와 젤리

랑구스틴/당근
52　삼색 채소 오일

바닷가재/로메스코 소스/아몬드
54　닭 내장으로 만든 소스와 바닷가재 쥐

바닷가재/당근
56　바닷가재 시베 소스

바닷가재/만간지 고추
58　오징어 먹물과 카카오로 만든 소스

반디오징어/죽순
60　반디오징어와 초리조로 만든 소스

반디오징어/라디키오
62　반디오징어와 초리조 페이스트

흰오징어/비비추 잎
64　스트라차텔라 크림과 바질 오일

흰오징어/무/흑미
66　무를 갈아 만든 소스

창오징어/오크라 꽃
68　피스타치오 오일

갑오징어
70　파프리카 쥐와 루타바가 퓌레

주꾸미/산초나무 순
72　우롱차로 만든 소스

대합/뇨키
74　대합과 유채나물 소스, 여주 거품

대합
76　대합과 고추냉이 잎 수프, 고추냉이 잎 오일

홍합/땅콩
78　꽈리 소스와 바질 오일

피조개/주키니/생강
80　말린 주키니와 사탕수수 식초로 만든 소스

굴/회향
82　회향 풍미를 더한 부용

굴/은행
84　칠레 안초로 만든 소스

굴/라디키오/쌀
86　몰레 소스

굴/돼지 귀/케일
88　굴과 콜리플라워로 만든 소스

가리비/순무/숭어 어란
90　프로마주 블랑과 술지게미로 만든 소스, 유자 퓌레

말린 관자/아스파라나/겨울 시금치
92　닭고기와 관자 비스크

성게알/돼지 껍질
94　파프리카 퓌레와 성게알 마요네즈

제3장
생선 요리와 소스

	참돔/케일		금눈돔
98	도미와 유채나물 수프	122	그린피스와 팽이버섯, 벚꽃새우로 만든 소스
	뱅어/사보이 양배추		옥돔/버섯 파우더
100	블랙 올리브와 레몬 콩피, 드라이 토마토, 안초비로 만든 소스	124	밤 퓌레
	뱅어/비비추 잎		옥돔
102	토마토와 비트 콩소메, 토마토와 비트 퓌레	126	이리 수프와 황금 순무 퓌레
	송어/캐비아		무늬바리/말린 표고버섯/가리비
104	화이트 아스파라거스로 만든 바바루아	128	말린 표고버섯과 태운 버터로 만든 소스
	송어/미니 순무/적양파		홍바리/콩/바지락
106	쑥갓 퓌레와 비파 콩포트	130	건조식품으로 만든 소스
	송어/송어 알		광어
108	뵈르 바투 퓌메	132	머위 꽃줄기와 로크포르 치즈로 만든 페이스트
	병어/푸아로/금귤		이리/고구마/쌀
110	화이트 포트 와인으로 만든 소스	134	수제 발효 버터
	병어/감자/콩테 치즈		이리
112	사프란 풍미를 더한 병어 쥐	136	이리 필름
	붕장어/셀러리악		아브루가/백합 뿌리
114	카카오 풍미를 더한 레드 와인 소스	138	레몬 풍미를 더한 사바용 소스
	뱀장어/트러플		
116	발효시킨 돼지감자와 트러플로 만든 소스		
	가다랑어/오렌지 파우더		
118	구운 가지로 만든 아이스 파우더와 에스프레소 오일		
	고등어/그래니 스미스 사과		
120	고등어와 유청으로 만든 소스		

제4장
고기 요리와 소스

닭고기/털게/캐비아
142 서양 고추냉이로 만든 소스

닭고기/당근
144 가와마타 샤모종 닭고기와 당근으로 만든 소스, 포르치니 거품

닭고기/퀴노아
146 브로콜리 퓌레와 브로콜리 퀴노아

닭고기/카카오닙스
148 장미 버터와 쥐 드 풀레

메추라기/곰보버섯/그린 아스파라거스
150 메추라기 쥐

비둘기/다리살로 만든 크로메스키
152 중식 스타일 죽과 비둘기 내장 소스

페르드로/랑구스틴/사보이 양배추
154 랑구스틴 풍미를 더한 사바용 소스

뇌조/전복
156 흰강낭콩 프리카세와 전복 내장 소스

청둥오리/올리브/은행
158 청둥오리 쥐

푸아그라/양파
160 머위 꽃줄기 아이스크림

토끼고기/당근/아니스
162 토끼고기 쥐

어린 양고기/방울양배추/숭어 어란
164 숭어 어란과 양배추 버터로 만든 소스

소고기/무
166 튀긴 채소와 레드 와인으로 만든 소스

에조 사슴/메밀잣밤나무 열매/잣
168 지롤버섯과 소금에 절인 다랑어 퓌레

사슴고기/다리살로 만든 소시송/흑우엉
170 사슴고기와 우엉 쥐

에조 사슴/서양배/아렛타 브로콜리
172 비트 쥐

제 1 장

채소 요리와 소스

계절의 변화와 그에 따른 자연의 정취를
요리에 투영하는 데는 채소만 한 재료가 없다.
채소에 곁들이는 소스는 색감이 풍부한 동시에 맛과 풍미를
보완해줄 수 있는 종류가 잘 어울린다.

화이트 아스파라거스/아몬드/오렌지

오렌지 풍미를 더한 사바용 소스

이른 봄철에 선보이는 대표적인 조합인 '화이트 아스파라거스와 사바용 소스'에 약간의 변화를 주었다. 정제 버터에 파르미자노 레자노 치즈를 담가 깊은 풍미가 배게 하고 오렌지즙을 넣어 새콤달콤한 맛을 가미했다. 마무리로 올리브 오일을 떨어뜨리고 패션프루트와 한련화 잎, 아몬드를 곁들인다. 3가지 감귤류가 어우러져 자아내는 깊은 산미가 입을 즐겁게 하는 요리다. (요리 레시피 → 182쪽)

[재료]

정제 버터 … 15cc
파르미자노 레자노 … 적당량
달걀노른자 … 2개
백후추 … 적당량
오렌지즙 … 30cc
레몬즙, 소금 … 적당량씩

[만드는 법]

❶ 정제 버터에 파르미자노 레자노 치즈를 담가 하룻밤 둔다(사진 1).
❷ 볼에 달걀노른자를 담고 백후추를 뿌린 뒤(사진 2) 오렌지즙을 짜 넣고(사진 3) 거품기로 잘 섞는다(사진 4).
❸ ②를 중탕하면서 점성이 생길 때까지 계속 휘젓는다(사진 5).
❹ ③의 볼과 중탕용 물 사이에 행주를 깔아 온도를 낮추고(사진 6) ①을 조금씩 넣으며 섞는다(사진 7). 레몬즙과 소금을 넣어 마무리한다(사진 8).

[POINT]

정제 버터에 파르미자노 레자노 치즈의 향을 입혀 깊이를 더한다.

대파/완두콩/싹눈파

구운 대파 쥐•

구운 대파와 대파에서 나온 채수를 활용한 소스다. 대파를 고온의 오븐에서 타지 않도록 단시간에 쪄내 수분이 배어나오게 한 뒤, 물과 함께 냄비에 넣고 졸여 응축된 풍미와 단맛이 두드러지는 채수를 뽑았다. 구운 대파의 향과 소스의 단맛에 갓 삶은 완두콩과 싹눈파로 푸릇함을 더하여 봄이 느껴지는 요리로 완성했다. (요리 레시피 → 182쪽)

•재료가 가진 수분 또는 그 수분을 가열하여 얻은 즙.

[재료]

대파 … 2대
물 … 적당량
화이트 와인 … 300cc
버터 … 25g
올리브 오일, 소금 … 적당량씩

[만드는 법]

❶ 대파를 20cm 길이로 잘라 알루미늄포일로 싼 뒤 300℃의 오븐에 넣고 10분간 굽는다(사진 1).

❷ ①의 대파를 5cm 길이로 자른 뒤 알루미늄포일 안에 고인 수분과 함께 냄비에 넣는다. 대파가 잠길 듯 말 듯하게 물을 붓고 불에 올린다(사진 2).

❸ ②의 수분이 날아갈 때까지 졸인 뒤(사진 3) 내용물을 체에 밭치고 꼭꼭 눌러서 채수를 확실히 거른다(사진 4).

❹ ③과 화이트 와인을 냄비에 넣고(사진 5) 끓여 알코올 성분을 날린 뒤 버터를 더한다(사진 6).

❺ ④에 올리브 오일을 떨어뜨리며 핸드믹서로 섞은 뒤(사진 7) 소금으로 간을 맞춘다(사진 8).

[POINT]

대파를 고온의 오븐에서 급속도로 가열해 재빨리 수분을 빼내는 것이 포인트다.

완두콩/잠두콩/강낭콩

표고버섯과 밥으로 만든 소스

꼬투리째 먹는 완두콩, 잠두콩, 강낭콩과 어울리는 소스의 재료로 일본 전통 식품인 후나즈시^{鮒ずし}*를 활용했다. 후나즈시와 함께 삭힌 밥은 독특한 산미와 감칠맛이 나는데, 이것을 퓌메 드 푸아송^{fumet de poisson}**과 버터를 넣고 끓인 버섯에 더해 맛에 포인트를 주었다. 이렇게 만든 소스를 데친 비비추 잎으로 말아 올려 초록빛으로 통일된 색감의 요리를 완성했다. (요리 레시피 → 182쪽)

*염장한 붕어에 밥을 채우고 밥과 함께 켜켜이 쌓아 쌀누룩으로 발효시킨 음식.   **생선 육수.

[재료]

표고버섯 … 1kg
퓌메 드 푸아송(→ 211쪽) … 1ℓ
버터 … 300g
후나즈시의 삭힌 밥* … 20~30g
비비추 잎, 소금 … 적당량씩

*일본 시가현 히코네시에 위치한 기무라 수산木村水産의 제품을 사용했다. 붕어와 함께 유산 발효되어 강한 신맛과 풍미를 지닌 것이 특징이다.

[만드는 법]

❶ 표고버섯을 잘게 다진다(사진 1).
❷ ①을 냄비에 담아 퓌메 드 푸아송을 붓고 약불에서 익힌다(사진 2).
❸ ②의 수분이 날아가기 시작하면 버터를 넣고 섞는다(사진 3).
❹ ③에 후나즈시의 삭힌 밥을 넣은 뒤 소금으로 간을 맞춘다(사진 4).
❺ ④를 납작한 접시에 옮기고 한 김 식힌다(사진 5).
❻ 끓는 물에 소금을 넣고 데친 비비추 잎에 ⑤를 올린 뒤 막대 모양이 되도록 돌돌 만다(사진 6).

[POINT]

삭힌 밥은 발효 향이 강하니 포인트가 되도록 조금만 사용한다.

나마이 유스케/Ode

그린피스/오이/굴

오제이유 쥐와 양배추 퓌레

시고 쌉쌀한 맛이 나는 신선한 오제이유즙을 그대로 소스에 활용했다. 여기에 봄에 수확한 양배추로 은은한 단맛이 느껴지는 퓌레를 만들어서 섞어 전체적으로 새콤달콤한 맛이 느껴지도록 완성한 소스를 삶은 그린피스와 구운 오이, 살짝 포셰pocher●한 굴과 함께 접시에 담았다. 체리의 붉은 빛깔과 단맛이 전체적인 밸런스를 다잡아주는 역할을 한다. (요리 레시피 → 183쪽)

●끓기 직전의 액체에 넣어 삶거나 익히는 조리법.

[재료]

오제이유 쥐
오제이유 … 적당량

양배추 퓌레
양배추, 소금 … 적당량씩

[만드는 법]

오제이유 쥐
❶ 오제이유를 씻고 물기를 뺀다(사진 1).
❷ ①을 착즙기(슬로우 주서)에 넣고 원액을 뽑는다(사진 2, 3).

양배추 퓌레
❶ 끓는 물에 소금을 넣고 양배추를 데친 뒤 물에 담근다(사진 4). 양배추 데친 물은 조금 남겨 둔다.
❷ 물에 담가둔 양배추와 양배추 데친 물을 믹서에 넣고 갈아서 퓌레를 만든 뒤(사진 5) 소금으로 간을 맞춘다(사진 6).

[POINT]
오제이유와 양배추 모두 신선한 것을 고른다.

죽순/미역/벚꽃새우

죽순으로 만든 소스

죽순을 데친 물에 퓌메 드 푸아송을 넣어 생선의 감칠맛을 내고 생크림과 꿀을 더해 깊은 감칠맛과 단맛을 가미한 소스다. 손님 앞에서 소스를 구운 죽순과 미역 무스가 담긴 그릇에 부어주면서 별도의 그릇에 담긴 벚꽃새우 튀김을 뿌려 먹도록 설명한다.
(요리 레시피 → 183쪽)

[재료]

죽순 … 2kg
고추 … 1개
퓌메 드 푸아송(→ 211쪽) … 1.5ℓ
생크림 … 1ℓ
꿀, 버터, 소금 … 적당량씩

[만드는 법]

❶ 죽순은 끝부분을 부러뜨리고 껍질에 칼집을 넣은 뒤 고추와 함께 물에 넣고 데친다(사진 1).

❷ 죽순이 다 삶아지면 껍질을 벗기고(사진 2) 안쪽의 부드러운 부분과 껍질 쪽 단단한 부분을 나눠 손질한다(사진 3).

❸ 냄비에 퓌메 드 푸아송을 붓고 ②의 죽순을 모두 넣는다. 부직포 타입의 쿠킹페이퍼를 냄비 크기보다 작게 잘라 가운데에 구멍을 내고 내용물을 덮어준 다음(사진 4) 약불에서 1시간 동안 끓인 뒤(사진 5) 육수를 거른다. 이때 죽순의 부드러운 부분은 따로 남겨두었다가 요리에 사용한다.

❹ ③의 육수를 냄비에 옮겨 담고 양이 반으로 줄 때까지 졸인다(사진 6). 생크림과 꿀을 넣고 다시 분량의 2/3가 될 때까지 졸인다(사진 7).

❺ ④에 버터를 넣어 녹이고 소금으로 간을 맞춘 뒤 핸드믹서로 잘 섞는다(사진 8).

[POINT]

죽순의 아린 맛이 우러나지 않도록 약불에서 천천히 끓이는 것이 포인트다. 꿀과 생크림으로 소스에 깊은 맛을 더한다.

소스는 생크림과 꿀을 더해 걸쭉한 질감으로 완성했다.

나마이 유스케/Ode

죽순/랑구스틴/루꼴라

토마토와 산초나무 순으로 만든 소스

데친 죽순에 다진 랑구스틴 살을 듬뿍 발라 함께 튀기고 꽃대가 올라와 꽃이 핀 루꼴라를 곁들인 요리다. 봄이 느껴지는 재료에 걸맞도록 토마토 워터에 산초나무 순을 넣어 향을 입힌 산뜻한 수프를 소스로 선택했다. 한입 머금으면 토마토의 산미와 산초나무 순의 상큼함, 죽순과 랑구스틴 튀김의 감칠맛이 각각 돋보이면서도 한데 어우러지는 느낌이다. (요리 레시피 → 183쪽)

[재료]

토마토 워터
 — 토마토 … 2개
 — 물 … 50cc
 — 소금 … 한 자밤
버터 … 15g
산초나무 순, 올리브 오일 … 적당량씩

[만드는 법]

❶ 토마토 워터를 만들 토마토는 1주일간 상온에 두고 익힌다(사진 1).

❷ ①을 큼직하게 썰어서 물, 소금과 함께 냄비에 넣는다(사진 2). 내열성 있는 랩으로 냄비 윗부분을 밀폐시키고(사진 3) 약불에서 30~40분간 끓인다(사진 4).

❸ 키친타월을 깐 체에 ②를 담고(그림 5) 냉장고에 하룻밤 넣어두어 천천히 액체를 거른다.

❹ ③에서 거른 토마토 워터를 냄비에 담고 양이 2/3로 줄 때까지 졸인 뒤 버터를 넣고 녹인다(사진 6).

❺ 냄비에 다진 산초나무 순을 넣고(사진 7) 올리브 오일을 두른 뒤 오일이 섞이지 않은 상태로 테이블에 서빙한다(사진 8).

[POINT]

토마토는 상온에 두고 완숙시켜서 풍미를 더한 뒤 사용한다.

방울양배추/왕우럭조개

유채나물 퓌레와 감자 크럼블

매시드 포테이토에 빵가루를 섞어 건조시킨 크럼블을 소스 대신 활용하여 방울양배추와 그 밑에 숨겨진 왕우럭조개의 맛을 즐기도록 만든 일품요리. 바삭바삭한 크럼블의 식감에 촉촉한 유채나물 퓌레를 곁들여 수분감과 걸쭉함을 보완했다. 유채나물 퓌레는 닭고기 육수를 넣고 만들어서 감칠맛을 보강했다. (요리 레시피 → 184쪽)

[재료]

유채나물 퓌레

유채나물 … 200g
버터 … 20g
햇양파 … 50g
부용 드 풀레 |bouillon de poulet•(→ 212쪽)
　　… 200cc
소금, 후추 … 적당량씩

감자 크럼블

감자(신시아 품종) … 300g
녹인 버터 … 60g
빵가루 … 240g

•닭고기 육수.

흙을 표현한 크럼블 사이로 방울양배추가 움트고 꽃이 핀 모습을 이미지로 만들었다.

[만드는 법]

유채나물 퓌레

❶ 끓는 물에 소금을 넣고 유채나물을 데친 뒤(사진 1) 얼음물에 담가 변색을 막는다.
❷ 프라이팬에 버터를 녹여 얇게 썬 햇양파를 볶은 뒤(사진 2) 부용 드 풀레를 붓고 살짝 조린다.
❸ ①과 ②를 믹서에 넣고 간 뒤(사진 3) 굵은체에 걸러내 소금과 후추로 간을 맞춘다(사진 4).

감자 크럼블

❶ 감자는 삶아서 껍질을 벗기고 고운체에 내린다.
❷ ①에 녹인 버터를 넣고 섞다가 빵가루를 더해 고루 혼합한다(사진 5).
❸ 빵가루와 버터가 섞이면서 질감이 보슬보슬해지면(사진 6) 오븐용 시트를 깐 팬에 넓게 펼쳐 담고, 50~60℃의 오븐에 넣어 반나절 동안 건조시킨다(사진 7).
❹ ③을 손으로 잘게 부스러뜨린다(사진 8).

[POINT]

유채나물 퓌레는 묽어지지 않도록 줄기를 제거해서 만든다.

감자/뱀밥

다시마와 감자로 만든 소스

감자 뇨키에 곁들인 소스는 물에 다시마 가루를 풀어서 만든 다시마 육수를 베이스로 한 것이다. 여기에 감자를 갈아 넣어 감칠맛과 단맛을 끌어올리고 끈적한 질감을 표현했다. 버터와 육두구로 프랑스 요리다운 깊이와 향을 입힌 소스를 뇨키에 묻히고 그 위에 튀김옷 없이 튀긴 뱀밥을 올려 제공한다. (요리 레시피 → 184쪽)

[재료]

다시마 가루 … 15g
물 … 250cc
감자 가루* … 20g
감자 … 30g
육두구, 버터, 소금 … 적당량씩

*구운 감자를 건조시켜 미니 분쇄기로 간 것이다.

[만드는 법]

❶ 냄비에 다시마 가루와 물을 넣고 끓인다(사진 1). 이때 거품기로 휘저어 다시마 가루가 물에 완전히 풀어지도록 한다(사진 2).

❷ 부직포 타입의 쿠킹페이퍼를 깐 체에 ①을 붓고 종이를 짜듯이 압력을 가하며 거른다(사진 3).

❸ ②를 냄비에 옮겨서 끓이다가 감자 가루를 넣고 섞는다(사진 4).

❹ 감자를 껍질째 갈아(사진 5) ③에 넣는다(사진 6).

❺ ④에 육두구를 뿌리고 버터를 녹여 걸쭉함을 더한다(사진 7).

❻ 소금으로 간을 맞추고 핸드믹서로 갈며 섞는다(사진 8).

[POINT]

소스의 농도가 너무 진하면 다시마 육수를 더해 조절한다.

다시마의 점성과 감자 가루로 끈적한 질감의 소스를 만들었다.

다카다 유스케/La Cime

감자/캐비아

바지락과 캐비아로 만든 소스

나마이 유스케 셰프가 레스토랑의 테마 컬러로 선택한 회색의 그릇과 어우러지도록 만든 회색빛 소스는 바지락 쥐에 캐비아를 넣고 갈아 체에 거르는 과정을 거쳤다. 그릇에는 먼저 감자 타르트를 깔고 슬라이스한 감자를 쌓아올린 뒤 송어 알을 곁들인다. 캐비아와 블리니blini●라는 전통적인 조합에서 아이디어를 얻어 현대적인 아뮤즈 부쉬로 재해석했다. (요리 레시피 → 184쪽)

●메밀가루와 밀가루를 넣고 얇게 부친 러시아식 팬케이크.

[재료]

바지락 … 1kg
마늘 오일 … 적당량
퓌메 드 푸아송(→211쪽) … 360cc
화이트 와인 … 30cc
에샬롯 … 60g
버터 … 100g
캐비아 … 적당량

[만드는 법]

❶ 마늘 오일(해설 생략)을 두르고 달군 냄비에 해감한 바지락과 퓌메 드 푸아송, 화이트 와인을 넣고 끓인다(사진 1).

❷ 바지락 입이 벌어지고(사진 2) 맛이 우러날 때까지 푹 끓이다가 다진 에샬롯을 넣고 바로 불을 끈 뒤 체에 거른다(사진 3).

❸ ②를 냄비에 옮겨 담고 불에 올린다. 버터를 넣고 녹인 뒤 핸드믹서로 거품을 낸다(사진 4).

❹ ③에 캐비아를 넣고(사진 5) 다시 핸드믹서로 섞는다(사진 6).

❺ 내용물을 체에 거른다(사진 7, 8).

[POINT]

간은 바지락과 캐비아의 염분으로 조절한다.

감자로 표현한 꽃잎 밑에는 사블레처럼 가벼운 식감의 타르트가 깔려 있다.

나마이 유스케/Ode

주키니 꽃/대합

대합과 올리브, 레몬 콩피로 만든 소스

주키니 꽃에 대합조개 퓌레를 채워 튀겼다. 대합 육수를 부용 드 레귐$^{bouillon\ de\ légumes}$●과 섞어 만든 소스에 레몬 콩피와 그린 올리브를 더해 주키니 꽃을 즐겨 사용하는 남프랑스 요리의 맛을 표현했다. 소스를 섞을 때 루를 활용하는 고전적인 요리법을 썼다는 점도 포인트인데, 밀가루의 걸쭉함 덕분에 폭신하면서도 보들보들한 식감을 느낄 수 있다. (요리 레시피 → 185쪽)

●채소 육수.

[재료]

부용 드 레귐
— 푸아로^{poireau}** … 30g
— 당근 … 70g
— 양파 … 50g
— 회향 … 30g
— 셀러리 … 60g
— 물 … 700cc
— 소금 … 한 자밤
대합 쥐
— 대합 … 3개
— 물 … 적당량
루
— 버터 … 12g
— 00밀가루* … 4g
레몬 콩피, 올리브 … 적당량씩

**서양 파의 한 품종.
*140℃의 오븐에서 1시간 동안 가열해둔다.

[만드는 법]

❶ 부용 드 레귐을 만든다. 분량의 재료를 모두 얇게 썰어서 물과 함께 냄비에 넣고 불에 올린다. 펄펄 끓어오르면 약불로 줄이고 30분간 졸인 뒤 체에 거른다(사진 1).

❷ 대합조개로 쥐를 만든다. 냄비에 약간의 물(분량 외)과 소금을 넣고 팔팔 끓이다가 대합을 넣어 10초간 데친다(사진 2). 대합 입이 벌어지기 전에 꺼내서 칼로 입을 열고 살 부분과 외투막을 분리한다(사진 3).

❸ 분리한 외투막(여기서는 살도 사용한다)과 껍데기에 고여 있던 육수, 물을 냄비에 넣고 7~8분간 끓이다가(사진 4) 대합을 건져낸다.

❹ 냄비에 버터를 넣고 녹이다가 00밀가루를 더한다(사진 5). 잘 저으며 가열하여 루를 만든다(사진 6).

❺ ❹에 ❶과 ❸을 50cc씩 붓는다(사진 7). 가볍게 졸이며 레몬 콩피와 적당한 크기로 자른 올리브를 넣는다(사진 8).

[POINT]

대합의 입이 완전히 벌어지기 전에 물에서 건져내야 아린 맛이 우러나는 것을 막을 수 있다.

은행/국화꽃

고등어포와 쑥갓으로 만든 소스

튀긴 은행의 황금색과 소스의 짙은 녹색, 여기에 올리브 오일의 연두색이 대조를 이뤄 산뜻한 색감을 자아내는 요리다. 초록색 소스의 정체는 쑥갓으로 만든 퓌레다. 쑥갓 퓌레에 섞은 고등어포 육수는 퓌메 드 푸아송이나 가다랑어포 육수보다 소박한 자연의 맛을 낸다고 아라이 노보루 셰프는 말한다. 자칫 존재감이 약해지기 쉬운 채소 요리지만 맛과 색채로 강한 인상을 남기는 메뉴를 선보였다. (요리 레시피 → 185쪽).

[재료]

고등어 육수
 — 물 … 150cc
 — 고등어포 … 10g
쑥갓 … 50g
가룸garum•, 물에 푼 갈분 … 적당량씩

• 고대 로마에서 즐겨 사용한 일종의 생선 액젓.

[만드는 법]

❶ 고등어 육수를 만든다. 냄비에 물을 부어 팔팔 끓인 뒤 깎은 고등어포를 넣고 바로 불을 끈다(사진 1). 고등어포가 가라앉으면 거름용 종이를 깐 체에 밭쳐 거른다(사진 2).

❷ 끓는 물에 소금을 넣고 쑥갓을 데친 뒤(사진 3) 얼음물에 담가 변색을 막는다. 데친 쑥갓은 믹서로 갈아 퓌레를 만든다(사진 4).

❸ ①을 냄비에 담고 불에 올린다. 가룸을 넣어 간을 맞추고(사진 5) 물에 푼 갈분을 더해 걸쭉하게 만든다(사진 6).

❹ ③에 ②를 넣고 섞는다(사진 7, 8).

[POINT]

고등어포는 쓴맛이 우러나지 않도록 끓이지 않은 상태에서 천천히 거른다.

아라이 노보루/Hommage

미니 양파

트러플 쿨리

구워서 겉면을 카라멜리제한 미니 양파를 풍미 가득한 블랙 트러플 소스와 함께 맛보는 요리다. 양송이버섯을 쉬에suer●한 냄비에 마데이라 와인과 포트 와인, 코냑, 콩소메를 순서대로 붓고 졸여낸 뒤 마지막으로 트러플을 듬뿍 넣어 소스를 완성한다. 술과 육수가 응축된 맛에 트러플 향을 입힘으로써 정통 프랑스 요리의 맛을 구현했다. (요리 레시피 → 185쪽)

●재료의 수분이 나오도록 약한 불에서 색이 나지 않게 볶는 것.

[재료]

양송이버섯 … 100g
에샬롯 … 20g
마데이라 와인 … 270cc
포트 와인 … 135cc
코냑 … 85cc
콩소메 … 125cc
퐁 드 볼라유 fond de volaille●● (→ 208쪽)
　… 125cc
트러플 … 50g
트러플 퓌레* … 50g
소금 … 적당량

●●닭고기 육수.
*트러플 껍질과 손질하고 남은 부스러기를 얼려서 파코젯Pacojet 기계에 간 것이다.

[만드는 법]

❶ 냄비에 얇게 썬 양송이버섯과 에샬롯을 넣고 쉬에한다(사진 1).
❷ ①의 숨이 죽으면 마데이라 와인과 포트 와인, 코냑을 붓고(사진 2) 양이 1/10로 줄 때까지 졸인다(사진 3).
❸ ②에 콩소메(해설 생략, 사진 4)와 퐁 드 볼라유를 넣고 양이 반으로 줄 때까지 졸인다(사진 5).
❹ ③에 얇게 썬 트러플과 트러플 퓌레를 넣고(사진 6, 7) 가볍게 조린 뒤 소금으로 간을 맞춘다.
❺ ④를 푸드 프로세서에 넣고 갈아 체에 거른다(사진 8).

[POINT]

양송이버섯을 쉬에할 때는 냄비에 기름을 두르지 않고 재료 본연의 수분을 활용한다.

줄기상추

건조 생선으로 만든 소스

짧은 시간에도 깊은 맛이 우러나는 건조 생선은 소스의 베이스로 사용하기에 더없이 좋다. 이 요리는 건조 전갱이와 양송이버섯으로 감칠맛을 낸 소스에 데친 줄기상추를 함께 내도록 구성했다. 소스는 생크림과 콩테 치즈, 마늘 등의 풍미를 더하여 재료가 지닌 일본 요리 느낌을 희석시킨 동시에 깊은 맛을 끌어올렸고 거품을 내어 가벼운 질감으로 마무리했다. (요리 레시피 → 186쪽)

[재료]

건조 전갱이 … 1마리
마늘 … 1쪽
회향 씨 … 적당량
양송이버섯 … 6개
청주 … 150cc
우유 … 150cc
생크림 … 150cc
콩테 치즈(겉 부분), 사워크림, 대두레
시틴, 버터, 소금 … 적당량씩

[만드는 법]

❶ 냄비에 버터를 녹이고 큼직하게 자른 건조 전갱이와 편 썬 마늘을 넣고 볶는다(사진 1).

❷ 건조 전갱이가 적당히 익어 색이 나면 회향 씨와 얇게 썬 양송이버섯을 넣고 뒤적이며 볶는다(사진 2).

❸ ②에 청주를 넣고 알코올 성분을 날린 뒤(사진 3), 우유와 생크림을 더해 맛이 밸 때까지 끓인다(사진 4).

❹ ③을 핸드믹서로 갈고 체에 거른다(사진 5).

❺ ④를 냄비에 담아 불에 올리고 콩테 치즈를 넣어 향을 입힌다(사진 6).

❻ ⑤의 냄비에서 콩테 치즈를 꺼낸 뒤 사워크림을 넣는다. 소금으로 간을 맞춘 뒤 대두레시틴을 넣고 핸드믹서로 거품을 낸다(사진 7, 8).

[POINT]

건조 생선은 전갱이 외에도 눈볼대처럼 지방질이 풍부한 생선을 사용하는 것이 좋다.

순무/털게/캐비아

순무 잎으로 만든 소스와 허브 오일

큼직한 하얀 꽃 모양은 슬라이스한 순무를 보기 좋게 담은 것이다. 점점이 올린 초록 소스는 쿠르부용court-bouillon•과 섞어서 만든 순무 잎 퓌레와 허브 향을 입힌 오일이다. 이 소스로 털게 살을 무치고 캐비아를 곁들여 호화롭게 완성했지만 어디까지나 '순무를 먹는 것'을 콘셉트로 삼고 만든 요리다. (요리 레시피 → 186쪽)

•화이트 와인과 향신료, 채소 등을 넣고 끓인 육수.

재료

순무 잎 소스

순무 잎 … 200g
쿠르부용(→ 213쪽) … 200cc
한천 … 3g

허브 오일

바질 잎, 파슬리 잎, 처빌, 딜, 올리브 오일 … 적당량씩

만드는 법

순무 잎 소스

❶ 끓는 물에 소금을 넣고 순무 잎을 데친 뒤(사진 1) 얼음물에 담가 변색을 막는다.
❷ ①을 손으로 잘 짜서 물기를 빼고 쿠르부용과 함께 믹서에 넣어 30초 동안 간 뒤(사진 2) 거름용 종이를 깐 체에 받쳐 거른다.
❸ ②를 냄비에 담아 불에 올리고 한천을 넣으며 섞는다(사진 3).
❹ ③의 온도가 90℃까지 올라가면 불에서 내려 얼음물에 담그고 저어가며 빠르게 식힌다(사진 4).
❺ ④가 굳으면(사진 5) 핸드믹서로 갈아서(사진 6) 체에 거른다(사진 7).

허브 오일

❶ 믹서에 바질 잎과 파슬리 잎, 처빌, 딜을 넣고 60℃로 가열한 올리브 오일을 붓는다.
❷ ①을 3분간 섞은 뒤 거름용 종이를 깐 체에 받쳐 거른다(사진 8).

POINT

허브 오일을 만들 때는 오일을 데워서 넣어야 색과 향이 쉽게 추출된다.

순무

안초비와 아몬드 튀일

복숭아처럼 보이는 샐러드용 순무 모모노스케ももものすけ•가 주인공인 요리다. 버터에 끓인 안초비와 아몬드를 갈아서 만든 페이스트를 차갑게 굳혀 완성한 튀일이 소스 역할을 한다. 싱싱하고 달콤한 순무와 진한 튀일의 맛부터 촉촉한 순무와 바삭한 튀일의 식감까지 두 요소의 대비를 즐길 수 있도록 만든 요리다. (요리 레시피 → 186쪽)

•손으로 껍질이 벗겨지며 달고 수분이 많은 순무 품종.

[재료]

아몬드(마르코나 품종) … 160g
안초비 … 80g
버터 … 165g

[만드는 법]

❶ 아몬드를 180℃ 오븐에서 5~6분간 가열한다(사진 1).
❷ 안초비를 체에 밭쳐 따뜻한 장소에 두고 불필요한 기름을 뺀다(사진 2).
❸ 냄비에 버터를 녹이고 ②를 넣은 뒤(사진 3) 거품기로 휘저으며 약불에서 끓인다(사진 4).
❹ ③의 버터가 부글부글 끓어오르며 연한 갈색을 띠면 불을 약하게 줄인 뒤(사진 5) ①을 넣고 불에서 내린다(사진 6).
❺ ④를 믹서로 갈아 질감이 거친 페이스트를 만든다(사진 7). 랩을 깐 납작한 접시에 페이스트를 2mm 두께로 붓고 냉장고에 넣어서 차갑게 굳힌 뒤(사진 8) 적당한 크기로 쪼갠다.

[POINT]

안초비의 기름을 잘 제거하면 비린내가 나지 않는다.

무

소라 내장과 커피로 만든 소스

다시마 육수에 넣고 익힌 무에 바다 냄새가 감도는 소라 내장 소스를 입혔다. 소라 내장은 청주를 넣고 익혀서 특유의 냄새를 누그러뜨리고 굴소스로 감칠맛을 더했다. 소라 내장과 머위 꽃줄기, 커피 가루라는 서로 다른 3가지 타입의 쓴맛과 향이 중첩된 복잡한 구성의 소스가 촉촉한 무를 만나 완벽하게 어우러진다. (요리 레시피 → 187쪽)

[재료]

소라 내장 … 12개 분량
청주 … 50cc
굴소스 … 약간
말린 머위 꽃줄기* … 8개
커피콩, 올리브 오일, 소금 … 적당량씩

*머위 꽃줄기는 마이크로웨이브 건조기로 말린 시판 제품을 사용한다. 갓 수확한 듯 신선한 향이 난다.

[만드는 법]

❶ 소라 내장(사진 1)을 올리브 오일을 두르고 달군 냄비에 볶는다.
❷ 내장이 어느 정도 익으면 청주를 넣고 끓인다(사진 2).
❸ ②에 굴소스를 넣고 소라 내장에 국물을 끼얹어가며 분량이 반으로 줄 때까지 졸인다(사진 3).
❹ ③과 말린 머위 꽃줄기(사진 4)를 푸드 프로세서에 넣고 갈다가(사진 5) 중간에 올리브 오일을 약간 넣고 다시 간다.
❺ ④를 체에 거른 뒤 냄비에 담고(사진 6) 데운다.
❻ ⑤에 커피콩을 갈아서 뿌리고(사진 7) 소금으로 간을 맞춘다(사진 8).

[POINT]

커피콩의 쌉쌀한 맛과 고소한 향이 소라 내장의 비린 맛을 잡아준다.

겉보기에는 마치 초콜릿 같다.
소라 내장의 양으로 맛의 깊이와 감칠맛을 조절한다.

라디키오/숭어 어란/피스타치오

황금귤 퓌레

큼직하게 썰어서 강불에 구운 라디키오를 새콤달콤한 감귤 퓌레와 함께 즐기는 요리다. 연노란 색감이 인상적인 퓌레는 향이 풍부하고 적당한 신맛이 특징인 황금귤로 만들었는데, 톡 쏘는 풋내가 나는 올리브 오일을 넣고 유화시켜 풍미를 돋운다. 피스타치오와 숭어 어란은 요리의 악센트로 뿌려준다. (요리 레시피 → 187쪽)

[재료]

황금귤 … 230g
물 … 250cc
그래뉴당 … 40g
올리브 오일 … 40cc

[만드는 법]

❶ 황금귤을 4등분하여 씨를 뺀다(사진 1).
❷ 냄비에 물과 그래뉴당을 넣고 불에 올려 그래뉴당을 녹인다.
❸ ②의 냄비 바닥에 손질한 황금귤을 껍질이 아래로 향하도록 깔고 끓인다(사진 2).
❹ 부직포 타입의 쿠킹페이퍼를 뚜껑처럼 덮은 뒤(사진 3) 분량 외의 물을 더해주면서 황금귤이 흐물해질 때까지 약불에서 1시간 반~2시간 동안 삶는다(사진 4).
❺ 삶은 황금귤을 믹서에 넣고 간다. 이때 올리브 오일을 조금씩 넣고 갈면서(사진 5) 페이스트 상태를 만든다(사진 6).

[POINT]

귤은 껍질째 사용하므로 쓴맛이 강하지 않은 품종을 고른다.

라디키오

부댕 누아르로 만든 소스

튀김옷을 입히지 않고 통째로 튀긴 라디키오와 부댕 누아르 boudin noir*를 조합한 요리다. 닭고기 부용에 무기미소麦味噌**와 부댕 누아르, 라드를 넣어 완성한 소스는 다카다 유스케 셰프의 고향인 아마미오섬의 전통 요리에서도 엿볼 수 있는 배합이다. 라디키오 소테sauté***에 소스를 묻혀 접시에 깔고 그 위에 올린 라디키오 튀김을 부수며 먹도록 플레이팅했다. (요리 레시피 → 187쪽)

*프랑스식 선지 소시지.　**보리누룩으로 담근 일본식 된장.　***고기나 채소를 기름이나 버터에 재빨리 볶거나 익히는 것.

[재료]

닭고기 부용(→ 210쪽) … 200cc
무기미소 … 35g
부댕 누아르* … 80g
점도 증진 식품('도로메이크トロメイク'라는 제품) … 약간
라드** … 20g
에스플레트 고춧가루, 소금 … 적당량씩

*효고현 아시야시에 있는 육가공 식품점 '메츠게라이 구스다METZGEREI KUSUDA'의 제품을 사용한다.
**가고시마현 아마미오섬에서 생산되는 '시마부타島豚(흑돼지의 한 품종)' 라드를 사용한다.

[만드는 법]

1. 무기미소(사진 1)와 닭고기 부용을 냄비에 넣고 불에 올린 뒤 거품기로 섞는다(사진 2).
2. 부댕 누아르(사진 3)를 적당한 크기로 썰어 냄비에 넣고(사진 4) 점도 증진 식품을 더해 섞는다(사진 5).
3. 냄비를 잠깐 불에서 내린 뒤 핸드믹서로 내용물을 간다.
4. ③에 라드를 넣고 다시 불에 올린 뒤(사진 6) 핸드믹서로 갈며 섞는다.
5. ④에 에스플레트 고춧가루를 뿌리고(사진 7) 소금으로 간을 맞춘다(사진 8).

POINT

먼저 점도 증진 식품으로 농도를 맞춘 뒤 라드로 풍미와 윤기를 더한다.

튀김옷을 입히지 않고 튀긴 라디키오의 밑부분에도 소스를 묻혀 맛이 확실히 배게 한다.

제 2 장

해산물 요리와 소스

해산물 재료는 이곳저곳 활용도가 높다.
탱탱한 새우와 입에 착 달라붙는 오징어, 씹는 맛이 좋은 조개 등
각각의 특유한 식감에 맞춰 소스의 농도나 풍미를 조절한다.

도화새우

오이 파우더와 젤리

신선한 도화새우를 라임즙 등을 넣고 살짝 마리네한 뒤 젤리와 아이스 파우더 형태로 만든 2가지 오이 소스를 곁들였다. 오이는 참기름에 볶아 풋내를 날린 뒤 유청과 차조기 잎, 오키나와의 매운 조미료인 고레구스コーレーグース 등을 넣고 함께 갈아 가스파초처럼 청량함이 느껴지는 맛으로 완성했다. (요리 레시피 → 188쪽)

[재료]

오이 … 10개
유청 … 180cc
일본식 매실장아찌 … 1개
차조기 잎 … 10장
생강즙 … 30cc
고레구스* … 5cc
판젤라틴 … 2장
볶지 않은 백참기름, 참기름, 소금
 … 적당량씩

*오키나와에서 나는 섬 고추(시마토우가라시)를 아와모리라는 전통주에 재워서 만든 오키나와산 매운 조미료.

[만드는 법]

❶ 오이는 씨를 빼고 적당한 크기로 자른다.

❷ 백참기름을 두르고 달군 프라이팬에 ①을 넣는다(사진 1). 오이에 기름을 입히듯이 팬을 돌려가며 강불로 볶다가(사진 2) 소금과 참기름으로 간을 맞춘다.

❸ ②와 유청, 매실장아찌, 차조기 잎, 생강즙, 고레구스를 믹서에 넣고 간다(사진 3, 4).

❹ ③의 일부를 파코젯 전용 용기에 넣고 얼렸다가 제공하기 직전 파코젯에 갈아 오이 아이스 파우더를 만든다(사진 5).

❺ ③의 일부를 따뜻하게 데우고 물에 불린 판젤라틴을 넣은 뒤 차갑게 굳혀 오이 젤리를 만든다(사진 6).

[POINT]

오이는 강불로 단숨에 볶아 신선함을 유지하면서 고소한 향을 입힌다.

랑구스틴/당근

삼색 채소 오일

단시간에 구운 랑구스틴과 미니 당근에 함께 낸 소스는 동물성 육수를 쓰지 않고 만든 세 종류의 채소 오일이다. 랑구스틴의 맛이 직접적으로 느껴지도록 색과 향에 집중했다. 노란 당근 오일과 주황색 토마토 오일, 초록색 파슬리 오일이 서로 자연스럽게 섞이면서 만들어지는 색감도 인상적이다. (요리 레시피 → 188쪽)

[재료]

당근 오일
당근 … 1kg
해바라기유 … 600cc

토마토 오일
토마토 페이스트 … 250g
브랜디 … 100cc
해바라기유 … 600cc

파슬리 오일
파슬리 … 250g
올리브 오일 … 250cc

[만드는 법]

당근 오일

❶ 당근은 껍질을 벗기고 4㎜ 두께의 부채꼴 모양으로 썬다(사진 1).
❷ 냄비에 해바라기유와 ①을 넣고 불에 올린 뒤, 80~85℃를 유지하며 수분이 없어질 때까지 가열한다(사진 2).
❸ ②를 불에서 내려 핸드믹서로 간다(사진 3).
❹ ③을 다시 불에 올리고 거품기로 섞어가며 가열해 당근의 수분을 충분히 날린다(사진 4).
❺ ④를 거름용 종이를 깐 체에 밭쳐 오일을 거른다(사진 5, 6의 위). 체에 남은 당근은 퓌레에 사용한다(→ 188쪽).

토마토 오일

❶ 냄비에 토마토 페이스트를 넣고 브랜디와 해바라기유를 더해 묽게 만든 뒤 불에 올린다.
❷ 80~85℃를 유지하며 수분이 없어질 때까지 가열한 뒤 핸드믹서로 갈아 거름용 종이를 깐 체에 거른다(사진 6의 아래).

파슬리 오일

❶ 파슬리와 올리브 오일을 파코젯 전용 용기에 넣고 냉동한 뒤 파코젯에 간다.
❷ ①을 녹여서 체에 거른 뒤 한 번 더 거름용 종이를 깐 체에 거른다(사진 6의 중간).

[POINT]

완성된 오일은 냉동고에 보관해야 색이 오래 유지된다.

바닷가재/로메스코 소스/아몬드

닭 내장으로 만든 소스와 바닷가재 쥐

바닷가재 쥐를 발라서 구운 바닷가재에 닭 내장을 토마토 소스에 넣고 끓인 진한 소스를 조합했다. 또 빨간 파프리카로 만든 페이스트에 향신료를 첨가한 로메스코 소스로 감칠맛을 더했다. 아라이 노보루 셰프가 어릴 적 이탈리아 요리 전문점에서 먹었던 조합을 떠올리며 만든 음식이라고 한다. (요리 레시피 → 188쪽)

[재료]

닭 내장 소스
닭 내장(심장, 모래주머니, 간) … 200g
버터 … 35g
양송이 뒥셀duxelles• … 65g
토마토 소스 … 180g
파르미자노 레자노 … 10g
백후추, 소금 … 적당량씩

바닷가재 쥐
바닷가재 껍데기, 브랜디, 미르푸아
 (향미 채소로 여기에서는 당근, 양파,
 셀러리를 사용), 토마토, 물, 쌀겨기
 름, 소금 … 적당량씩

•다진 버섯, 샬롯, 양파, 허브 등을 버터에 넣고 페이스트가 될 때까지 졸인 것.

[만드는 법]

닭 내장 소스

① 닭 내장을 굵게 다진다.
② 프라이팬에 버터를 넣고 불에 올려 뵈르 누아제트beurre noisette••를 만든다(사진 1).
③ ②에 ①을 넣고 볶다가(사진 2) 전체적으로 노릇해지면 소금과 백후추, 양송이 뒥셀, 토마토 소스(해설 생략)를 넣고 푹 끓인다(사진 3).
④ 수분이 살짝 날아가면서 맛이 배면 강판에 간 파르미자노 레자노 치즈와 소금을 넣고(사진 4) 묵직한 퓌레 형태로 만든다(사진 5).

바닷가재 쥐

① 바닷가재 껍데기를 큼직하게 썬 뒤(사진 6) 쌀겨기름을 두른 냄비에 넣고 볶는다.
② 브랜디를 넣고 플랑베flamber•••한 뒤 미르푸아와 토마토, 물을 넣고 농도가 진해질 때까지 졸인다(사진 7). 원하는 농도가 되면 체에 걸러 소금으로 간을 맞춘다.
③ 데친 바닷가재(→ 188쪽)에 ②를 바른 뒤 살라만더salamandre••••에 말리는 과정을 여러 번 반복한다(사진 8).

••갈색이 될 때까지 가열한 버터.
•••와인이나 코냑 등을 넣고 불을 붙여 알코올 성분은 날리고 향이나 풍미를 내는 것.
••••위쪽에 열원이 있는 개방형 오븐.

[POINT]

닭 내장은 조금 큼지막하게 다져서 식감을 살린다.

바닷가재/당근

바닷가재 시베 소스

바닷가재 튀김과 함께 제공하는 레드 와인 소스는 프랑스 요리의 기본에 충실한 형식이다. 바닷가재 껍데기를 볶아 향과 감칠맛을 뽑아낸 뒤 광택이 돌 때까지 졸인 레드 와인과 포트 와인을 마무리로 더해 보기 좋게 완성했다. 소스에 당근 퓌레를 섞어가며 먹게 되어 있어서 맛의 변화를 즐길 수 있다. (요리 레시피 → 189쪽)

[재료]

바닷가재 시베civet* **소스**

바닷가재 껍데기 … 1마리 분량
깐 마늘 … 1/2개
미르푸아(당근, 양파, 셀러리) … 적당량
레드 와인 … 270cc
포트 와인 … 270cc
레드 와인(마무리용) … 70cc
포트 와인(마무리용) … 70cc
버터 … 50g
올리브 오일, 소금 … 적당량씩

당근 퓌레

당근 … 200g
버터 … 50g
물 … 100cc
월계수 잎 … 1장

*육류나 갑각류를 넣고 만든 일종의 스튜.

[만드는 법]

바닷가재 시베 소스

❶ 바닷가재 껍데기를 큼직하게 썬 뒤 올리브 오일을 두른 냄비에 마늘과 함께 넣고 볶는다 (사진 1).

❷ 마늘 향이 올라오면 미르푸아를 넣고 다시 볶는다.

❸ 바닷가재 껍데기의 색이 붉게 변하면 레드 와인과 포트 와인을 넣고 데글라세déglacer**한다 (사진 2).

❹ ❸의 거품을 걷어내며 분량이 반으로 줄 때까지 졸인 뒤(사진 3) 체에 거른다.

❺ 별도의 냄비에 마무리용 레드 와인과 포트 와인을 붓고 윤기가 돌 때까지 끓이면서 졸인다 (사진 4, 5).

❻ ❹를 ❺에 붓고(사진 6) 다시 끓이다가 버터를 넣어(사진 7) 걸쭉함과 광택, 풍미를 더한 뒤 소금으로 간을 맞춘다(사진 8).

당근 퓌레

❶ 냄비에 버터를 녹인 뒤 얇게 썬 당근을 넣고 부드러워질 때까지 20분간 볶는다.

❷ ❶에 물과 월계수 잎을 넣는다. 끓어오르면 월계수 잎을 빼고 믹서로 갈아 퓌레를 만든다.

**팬이나 냄비에 눌어붙은 육즙이나 와인 등 약간의 액체를 붓고 끓여 녹이는 것.

[POINT]

소스를 마무리할 때도 술을 충분히 사용하여 깔끔한 뒷맛과 풍미를 낸다.

바닷가재/만간지 고추

오징어 먹물과 카카오로 만든 소스

랑구스틴 같은 갑각류 육수를 베이스로 하여 만든 소스와 구운 바닷가재라는 프랑스 요리의 대표적 구성을 내세운 요리다. 가나야마 야스히로 셰프는 기존 방식에 그치지 않고 신선한 오징어와 오징어 먹물, 카카오 함량 100% 초콜릿을 소스에 더하여 다양한 풍미와 맛의 깊이를 표현했다. 요리의 마무리에 라르도 디 콜로나타 lardo di colonnata* 를 올려 기름기와 염분, 감칠맛을 보완했다. (요리 레시피 → 189쪽)

*돼지비계를 로즈마리 등의 허브와 향신료, 소금과 함께 숙성시킨 이탈리아의 가공육.

재료

퓌메 드 랑구스틴 … 100cc
 ─ 랑구스틴 집게발, 화이트 와인, 물 … 적당량씩
화살오징어 … 2마리
푸아로, 당근, 셀러리 … 적당량씩
물 … 500cc
오징어 먹물(냉동) … 15g
셰리 식초 … 약간
커버처 초콜릿(카카오 100%) … 3g
포도씨유, 소금 … 적당량씩

만드는 법

❶ 퓌메 드 랑구스틴을 만든다. 랑구스틴의 집게발을 1cm 길이로 잘라 170℃의 오븐에서 20분간 굽는다(사진 1의 아래).

❷ 냄비에 ①과 화이트 와인, 물을 붓고 30분간 끓이면서 맛을 우려낸 뒤 체에 거른다(사진 1의 위).

❸ 화살오징어는 눈과 입을 제거하고 다리를 떼어낸 뒤(다리는 다른 요리에 활용) 몸통은 내장째 가로로 통썰기 한다.

❹ 냄비에 포도씨유를 두르고 ③의 손질한 오징어를 볶다가(사진 2) 수분이 날아가면 얇고 네모나게 썬 푸아로, 당근, 셀러리를 넣고 다시 볶는다(사진 3).

❺ ④에 퓌메 드 랑구스틴과 물을 붓고 데글라세한다(사진 4).

❻ ⑤에 오징어 먹물을 넣고 1시간 반 동안 졸인 뒤(사진 5) 체에 거른다(사진 6).

❼ ⑥을 작은 냄비에 옮겨 담고 셰리 식초와 잘게 썬 커버처 초콜릿을 더해(사진 7) 끓이다가 거품을 걷어낸 뒤 소금으로 간을 맞춘다(사진 8).

POINT

채소류는 제대로 볶아서 단맛을 잘 우려낸다.

반디오징어/죽순

반디오징어와 초리조로 만든 소스

프랑스 바스크 지역 요리에서 찾아볼 수 있는 '오징어와 돼지고기'의 조합에서 아이디어를 얻어 반디오징어에 초리조 소스를 배합했다. 요리에 포인트를 주는 용도로 선택한 향이 좋은 파드득나물로는 봄을 표현했다. 반디오징어는 몸통과 내장을 나누어 소테한 뒤 다시 소스에 담아 함께 데우는 식으로 마무리하여 요리에 통일된 느낌을 준다. (요리 레시피 → 189쪽)

[재료]

뿌리 달린 파드득나물 … 40g
초리조 … 60g
쿠르부용(→ 213쪽) … 90cc
퓌메 드 푸아송(→ 213쪽) … 120cc
물에 푼 갈분 … 적당량
반디오징어 … 100g
올리브 오일, 레몬즙, 소금, 후추 …
  적당량씩

[만드는 법]

❶ 파드득나물의 잎을 떼어내고 줄기와 뿌리만 남겨(사진 1) 잘게 썬다.
❷ 올리브 오일을 두르고 달군 냄비에 잘게 썬 초리조를 넣어서 볶다가(사진 2) 기름에 초리조 향이 배면 ①을 넣고 가볍게 볶는다(사진 3).
❸ ②에 쿠르부용과 퓌메 드 푸아송을 부어 가볍게 졸이면서(사진 4) 소금과 후추로 간을 맞춘다.
❹ 불을 약하게 줄이고 물에 푼 갈분을 더해 걸쭉하게 만든다.
❺ 반디오징어의 눈과 입, 연골을 제거한 뒤 내장이 터지지 않도록 다리째 내장을 빼낸다(사진 5).
❻ 테플론 가공한 프라이팬에 약간의 올리브 오일을 두르고 가열하여 ⑤에서 손질해둔 반디오징어 몸통과 내장을 볶다가(사진 6) 소금으로 간을 맞추고 레몬즙을 뿌린다.
❼ ④에 ⑥을 넣고 데운다(사진 7). 내장이 배어들어 소스가 갈색으로 변하면 완성이다(사진 8).

[POINT]

반디오징어를 소스에 넣고 데워 요리에 더욱 통일된 느낌을 줄 수 있다.

메구로 고타로/Abysse

반디오징어/라디키오

반디오징어와 초리조 페이스트

메구로 고타로 셰프가 앞서 선보인 요리(60쪽)와 마찬가지로 나마이 유스케 셰프도 반디오징어와 초리조의 조합을 선보였다. 두 재료를 함께 볶아서 만든 풍미 가득한 페이스트를 반디오징어 튀김에 곁들여 '반디오징어와 함께 반디오징어를 먹는' 스타일로 만들었다. 여기에 소테한 라디키오와 생 라디키오를 곁들이고 향긋한 스모크 파프리카 파우더를 뿌려서 플레이팅을 완성하여 붉은색 색감이 눈길을 사로잡는다. (요리 레시피 → 190쪽)

[재료]

초리조 … 50g
반디오징어(데친 것) … 200g
카라멜리제한 양파* … 90g
스모크 파프리카 파우더 … 20g
퐁 드 볼라유(→ 211쪽) … 100cc
머스터드, 마늘 오일 … 적당량씩

*양파를 조청 색이 날 때까지 볶은 것.

[만드는 법]

❶ 마늘 오일을 두르고 달군 냄비에 잘게 썬 초리조를 볶는다(사진 1).
❷ 눈과 입, 연골을 제거한 반디오징어를 ①에 넣고(사진 2) 볶다가 카라멜리제한 양파와 스모크 파프리카 파우더를 더한다(사진 3).
❸ ②의 반디오징어를 나무 주걱으로 으깨가며 볶다가(사진 4) 어느 정도 수분이 날아가면 퐁 드 볼라유를 넣고(사진 5) 저어가며 가볍게 졸인다.
❹ ③을 푸드 프로세서로 갈고(사진 6) 고운체에 거른다.
❺ ④와 머스터드를 냄비에 덜어서 잘 섞는다(사진 7, 8).

[POINT]

파프리카 파우더는 훈제한 것을 사용하여 향을 강조한다.

아래쪽부터 소스, 반디오징어 튀김, 라디키오를 순서대로 쌓는다.

나마이 유스케/Ode

흰오징어/비비추 잎

스트라차텔라 크림과 바질 오일

비비추 잎을 활용한 요리를 만들고 싶다는 생각에서 비롯된 요리다. 점성이 있는 비비추 잎과 쫀득한 흰오징어를 사용하기로 결정한 뒤에는 두 재료가 지닌 녹색과 흰색 색감에 초점을 맞춰 흰색 스트라차텔라 크림과 녹색 바질 오일을 소스로 구성했다. 여기에 산미와 감칠맛을 더해주는 요소로 녹색 방울토마토를 곁들였다. (요리 레시피 → 190쪽)

[재료]

스트라차텔라 크림
스트라차텔라* … 200g
우유 … 50cc
레몬즙 … 10cc

바질 오일
바질 잎 … 30g
파슬리 잎 … 30g
올리브 오일 … 300cc

*모차렐라 치즈 덩어리에 생크림을 섞은 것. 모차렐라 속을 스트라차텔라로 채운 것을 부라타라고 한다.

[만드는 법]

스트라차텔라 크림
❶ 스트라차텔라를 준비한다(사진 1).
❷ ①과 우유, 레몬즙을 믹서에 넣고(사진 2) 10초간 간다(사진 3, 4).
❸ 체에 걸러(사진 5) 매끄러운 크림 상태를 만든다(사진 6).

바질 오일
❶ 믹서에 바질 잎과 파슬리 잎을 넣고 60℃로 데운 올리브 오일을 붓는다(사진 7).
❷ ①을 3분간 갈고 거름용 종이에 거른다(사진 8).

[POINT]

스트라차텔라가 없으면 모차렐라 치즈와 생크림을 섞어서 대체한다.

접시에 오징어와 토마토를 담고 샐러드를 올린 뒤 선을 그리듯이 소스를 뿌린다.

메구로 고타로/Abysse

흰오징어/무/흑미

무를 갈아 만든 소스

무를 갈아 올려 먹는 미조레 전골에서 아이디어를 얻어 '오징어와 무' 조합의 감칠맛을 표현한 요리다. 무를 듬뿍 갈아서 오징어 다리와 닭날개와 함께 졸여 풍미를 응축시킨 소스는 깊은 감칠맛과 단맛이 난다. 살짝 구운 흰오징어와 무로 만든 떡, 튀긴 흑미를 담은 접시와 함께 소스를 내고 손님 앞에서 직접 소스를 부어 서비스한다. (요리 레시피 → 190쪽)

[재료]

흰오징어 다리 … 5마리 분량
닭날개(가와마타 샤모종) … 1kg
무 … 5개
물에 푼 갈분, 소금 … 적당량씩

[만드는 법]

① 흰오징어 다리는 소금으로 비벼서 씻고 닭날개는 핏기를 뺀다. 무는 곱게 간다(사진 1).
② 냄비에 ①을 모두 넣고 불에 올린다(사진 2). 뚜껑을 덮지 않은 채로 내용물이 1/4로 줄 때까지 1시간 동안 졸인다(사진 3, 4).
③ ②를 체에 거른다(사진 5). 이때 주걱으로 세게 눌러가며 무즙을 짠다(사진 6).
④ ③을 작은 냄비에 옮겨 담고 불에 올린다. 물에 푼 갈분을 더해 걸쭉하게 만든 뒤(사진 7) 소금으로 간을 맞춘다(사진 8).
⑤ 원기둥 모양으로 잘라 속을 파낸 무(분량 외)에 ④를 부어 곁들이고 손님 앞에서 요리에 뿌려 제공한다.

[POINT]

무를 듬뿍 갈아 넣고 졸여서 단맛을 끌어낸다.

무의 속을 파서 만든 그릇에 소스를 넣어 무의 존재를 시각적으로도 강조한다.

나마이 유스케/Ode

창오징어/오크라 꽃

피스타치오 오일

메구로 고타로 셰프는 "견과류와 오징어는 궁합이 좋다"고 귀띔한다. 시중에 판매하는 피스타치오 오일에 구운 피스타치오를 더해 진한 수제 오일을 만들었다. 살짝 그슬려 구운 창오징어와 오크라 꽃, 각종 허브, 소테한 자연산 팽이버섯을 이 피스타치오 오일에 버무려 심플한 샐러드 스타일의 요리를 완성했다. 피스타치오 대신 헤이즐넛을 활용해도 좋다. (요리 레시피 → 191쪽)

[재료]

피스타치오 … 50g
피스타치오 오일 … 200cc

[만드는 법]

❶ 피스타치오는 겉껍질을 벗기고(사진 1) 속껍질이 있는 상태로 140℃의 오븐에서 30분간 굽는다(사진 2).
❷ ①의 피스타치오를 믹서에 넣고 피스타치오 오일(사진 3)을 부어 3분 동안 간다(사진 4).
❸ ③을 굵은체에 거른다(사진 5, 6).

POINT
굵은체에 걸러 피스타치오의 질감을 살린다.

갑오징어

파프리카 쥐와 루타바가 퓌레

부드러운 갑오징어 타르타르에 파프리카 쥐를 부어 완성한 간결하면서도 깊은 맛이 나는 요리. 파프리카의 산미와 오징어의 단맛이 잘 어우러지고 루타바가 퓌레의 풋풋한 향이 뒷맛을 깔끔하게 정리해준다. "식재료의 질이 뛰어난 오늘날에는 감칠맛에 너무 의존하지 않는 소스가 필요하다"고 말하는 가나야마 야스히로 셰프의 생각이 잘 반영된 요리다. (요리 레시피 → 191쪽)

[재료]

파프리카 쥐
파프리카 … 1개
파프리카 물* … 100cc
올리브 오일 … 10cc
소금 … 한 자밤

루타바가 퓌레
루타바가, 버터, 소금 … 적당량씩

*파프리카를 착즙기에 간 뒤 한 번 끓여서 거른 것.

[만드는 법]

파프리카 쥐

❶ 파프리카를 4등분한 뒤 그릴 팬에 올려 껍질 면을 굽는다(사진 1, 2).

❷ ①과 파프리카 물, 올리브 오일, 소금을 전용 봉지에 넣고 진공 포장한 뒤(사진 3) 88℃로 설정한 스팀 컨벡션 오븐에서 1시간 반 동안 가열한다.

❸ ②를 체에 거른다(사진 4).

루타바가 퓌레

❶ 뜨거운 물에 버터와 소금을 넣고 끓이다가(사진 5) 적당한 크기로 자른 루타바가를 넣고 부드러워질 때까지 삶는다.

❷ ①의 루타바가와 그 삶은 물을 믹서에 넣고 간 뒤(사진 6, 7) 고운체에 내린다(사진 8).

[POINT]

루타바가는 버터와 함께 삶아서 깊은 맛을 낸다.

주꾸미/산초나무 순

우롱차로 만든 소스

주꾸미 다리에 버무린 소스의 주재료는 우롱차다. 맛술부터 말린 표고버섯 불린 물, 돼지고기 부용, 소금에 절인 산초 열매까지, 언뜻 무질서하게 보이는 조합이지만 우롱차의 떫은맛을 맛술이 가려주고 돼지고기 부용의 감칠맛이 자극적인 산초 열매의 맛을 완화해주면서 균형 잡힌 맛을 선사한다. 우롱 찻잎의 식감 또한 요리에 즐거움을 주는 요소다. (요리 레시피 → 191쪽)

[재료]

우롱 찻잎 … 30g
물 … 400cc
맛술 … 40cc
코냑 … 20cc
돼지고기 부용(→ 211쪽) … 200cc
말린 표고버섯 불린 물 … 100cc
물에 푼 갈분, 소금에 절인 산초 열매 … 적당량씩

[만드는 법]

❶ 냄비에 우롱 찻잎과 물을 넣고 끓여(사진 1) 수분이 날아갈 때까지 졸인다(사진 2).
❷ ①에 맛술과 코냑을 넣고(사진 3) 끓이면서 알코올 성분을 날린다(사진 4).
❸ ②에서 식감에 방해되는 우롱 찻잎의 줄기 부분을 제거한다(사진 5).
❹ ③에 돼지고기 부용과 말린 표고버섯 불린 물을 붓고(사진 6) 양이 반으로 줄 때까지 졸인다(사진 7).
❺ 물에 푼 갈분을 넣어 점성을 더하고 강불에서 끓인 뒤 소금에 절인 산초 열매를 넣고 섞는다(사진 8).

[POINT]

우롱 찻잎 중 작은 잎사귀는 식감의 포인트가 되니 냄비에 남겨서 소스를 완성한다.

다카다 유스케/La Cime

대합/뇨키

대합과 유채나물 소스, 여주 거품

초봄이 제철인 대합을 초록 일색으로 단장하여 선보인 요리다. 대합 쥐에 유채나물 퓌레를 더하고 버터를 듬뿍 넣어 섞은 깊이 있는 소스를 뇨키에 가득 입힌다. 술을 넣어 찐 대합에는 여주 거품을 올려 포인트를 준다. 대합과 유채나물, 여주로 이루어진 쌉쌀한 맛의 향연을 즐길 수 있도록 구성한 요리다. (요리 레시피 → 192쪽)

[재료]

대합과 유채나물 소스

청주 … 30cc
물 … 90cc
대합 … 5개
유채나물 … 1단
버터 … 300g
유채기름, 소금 … 적당량씩

여주 거품

여주, 대합 쥐*, 대두레시틴 … 적당량씩

*술을 넣고 대합을 쪄서 입이 벌어지게 한 뒤 국물을 거른 것.

[만드는 법]

대합과 유채나물 소스

❶ 냄비에 청주와 물을 부어 끓인 뒤 대합을 넣고 입이 벌어질 때까지 기다렸다가(사진 1) 국물을 거른다.

❷ 유채나물을 소금물에 데친 뒤 푸드 프로세서로 갈아 퓌레를 만든다(사진 2).

❸ ①의 국물을 냄비에 담고 끓인다. 버터를 넣어 녹인 뒤(사진 3) ②를 더해 섞는다(사진 4).

❹ ③에 유채기름을 떨어뜨리고 거품기로 고루 섞다가(사진 5) 소금으로 간을 맞춘 뒤 핸드믹서로 갈아 소스를 완성한다(사진 6).

여주 거품

❶ 씨를 빼고 통썰기 한 여주를 180℃로 가열한 식용유(분량 외)에 넣고 익힌다(사진 7). 익힌 여주와 대합 쥐를 믹서에 넣고 간 뒤 체에 거른다(사진 8).

❷ ①을 핸드믹서로 갈아 거품을 낸다.

[POINT]

여주를 기름에 익혀서 갈면 색감이 선명한 거품을 만들 수 있다.

대합

대합과 고추냉이 잎 수프, 고추냉이 잎 오일

일본 요리에서 전채로 내는 맑은 국물(스이모노)을 떠올리며 만든 따뜻한 수프 스타일의 대합 요리다. 가장 맛있게 익을 순간까지 기다렸다가 냄비에서 꺼낸 대합에 대합 육수와 고추냉이 잎으로 만든 수프를 끼얹었다. 입안을 상쾌하게 해주는 맵고 자극적인 맛이 조개의 단맛을 두드러지게 해준다는 생각에서 대합과 고추냉이 잎을 조합했다. (요리 레시피 → 192쪽)

[재료]

대합과 고추냉이 잎 수프

대합 육수
— 대합(작은 것) … 1kg
— 다시마 … 10g
— 물 … 1ℓ
쿠르부용(→ 213쪽) … 50cc
고추냉이 잎의 줄기 부분 … 50g
물에 푼 갈분, 소금, 후추 … 적당량씩

고추냉이 잎 오일

고추냉이 잎 … 60g
올리브 오일 … 300cc

[만드는 법]

대합과 고추냉이 잎 수프

❶ 대합 육수를 만든다. 냄비에 대합과 다시마, 물을 넣고 불에 올린다(사진 1). 물이 끓어오르면 거품을 걷어내면서 20분간 끓인 뒤(사진 2) 국물만 걸러내어 살짝 졸인다.

❷ 냄비에 대합 육수 300cc와 쿠르부용을 넣고(사진 3) 불에 올린다. 소금과 후추로 간을 맞추고 국물이 끓어오르면 거품을 걷어내고 불을 약하게 줄인다.

❸ 고추냉이 잎의 줄기 부분을 잘게 다져 넣고(사진 4, 5) 물에 푼 갈분을 넣어 걸쭉하게 만든다(사진 6).

고추냉이 잎 오일

❶ 고추냉이 잎을 대강 잘게 썬다(사진 7).
❷ ①과 60℃로 가열한 올리브 오일을 믹서에 넣고 간 뒤 거름용 종이에 거른다(사진 8).

[POINT]

갈분을 사용하기 전날 물에 녹여두면 마무리감이 더 좋아진다.

홍합/땅콩

꽈리 소스와 바질 오일

주황색 색감을 지닌 홍합과 꽈리로 가을 문턱의 계절감을 표현한 요리다. 육즙이 풍부한 홍합의 장점이 돋보이도록 수프 형식으로 만들었다. 단맛과 신맛의 균형감이 꽈리와 비슷하게 느껴지는 토마토 워터를 소스의 베이스로 사용하고 바질 오일과 해바라기 새싹, 땅콩을 장식하여 선명한 색감이 돋보이는 요리를 완성했다. (요리 레시피 → 192쪽)

[재료]

꽈리 소스

토마토 워터
  - 토마토 … 2kg
  - 소금 … 10g
꽈리 … 50개
쿠르부용(→ 213쪽), 꿀, 물에 푼 갈분, 소금 … 적당량씩

바질 오일

바질 잎 … 30g
파슬리 잎 … 30g
올리브 오일 … 300cc

[만드는 법]

꽈리 소스

❶ 토마토 워터를 만든다. 큼직하게 자른 토마토를 납작한 접시에 가지런히 담고 소금을 뿌린다(사진 1). 접시를 랩으로 감싸 온도 100℃, 습도 100%로 설정한 스팀 컨벡션 오븐에 넣고 1시간 동안 찐다(사진 2). 찐 토마토를 거름용 종이를 깐 체에 받쳐 국물을 거른다(사진 3).
❷ 꽈리를 믹서로 갈아 주스를 만든다(사진 4의 왼쪽).
❸ ①과 ②, 쿠르부용을 1:1:0.7의 비율로 섞어 냄비에 담고(사진 5) 꿀과 소금으로 간을 맞춘다.
❹ ③을 불에 올리고 끓이면서 거품을 걷어낸 뒤(사진 6) 물에 푼 갈분을 넣어 걸쭉하게 만든다(사진 7, 8).

바질 오일

❶ 믹서에 바질 잎과 파슬리 잎을 넣고 60℃로 가열한 올리브 오일을 붓는다.
❷ ①을 믹서로 간 뒤 거름용 종이를 받쳐 거른다.

[POINT]

허브를 따뜻하게 데운 오일과 함께 갈면 색과 향이 더욱 두드러진다.

피조개/주키니/생강

말린 주키니와 사탕수수 식초로 만든 소스

말린 주키니를 우려낸 국물에 가고시마 가케로마섬의 특산품인 키비스きびす*를 넣어 일본의 무말랭이 같은 단맛과 감칠맛이 느껴지는 소스를 만들었다. 살라만더에서 살짝 익힌 피조개에 초생강 대신 잘게 깍둑썰기 한 생강과 주키니를 뿌리고 따뜻한 소스를 부으면 소스의 열기로 피조개가 익으면서 반숙 상태로 완성된다. (요리 레시피 → 193쪽)

*사탕수수즙을 발효시켜 만든 식초.

[재료]

주키니 … 적당량
물 … 300cc
타임 … 1줄기
흑설탕 … 15g
키비스 … 20~30cc
소금 … 적당량

[만드는 법]

❶ 통썰기 한 주키니를 85℃로 설정한 식품건조기(또는 저온의 오븐)에 넣고 6시간 동안 건조시킨다(사진 1).

❷ 냄비에 건조시킨 주키니 40g과 물, 타임을 넣고 끓이다가(사진 2) 흑설탕과 키비스(사진 3)를 넣고 졸이면서 주키니의 풍미를 우려낸다(사진 4).

❸ 수분의 양이 반으로 줄 때까지 졸이고 소금으로 간을 맞춘다(사진 5).

❹ ③을 거름용 종이를 깐 체에 밭쳐 국물을 거른다(사진 6).

[POINT]

감칠맛과 단맛이 잘 배어나도록 주키니의 표면이 살짝 카라멜리제될 때까지 바짝 건조시킨다.

굴/회향

회향 풍미를 더한 부용

닭고기 육수에 회향 줄기를 넣고 우려낸 수프와 굴을 조합했다. 호불호가 크게 갈리는 식재료인 굴의 풍미를 회향의 향과 닭고기의 감칠맛을 활용하여 수프와 조화를 이루도록 만든 요리다. 아주 살짝 익힌 굴에 생 회향과 유자 껍질을 올리고 따뜻한 수프를 부어 향이 진하게 퍼지도록 플레이팅했다. (요리 레시피 → 193쪽)

[재료]

회향 줄기(말린 것) … 50g
부용 드 풀레(→ 212쪽) … 300cc
물에 푼 갈분, 유자즙, 소금, 후추
　… 적당량씩

[만드는 법]

❶ 회향 줄기를 물에 씻고 말린다(사진 1).

❷ 냄비에 부용 드 풀레와 말린 회향 줄기를 넣고 80℃를 유지하면서 끓여 맛을 우려낸 뒤(사진 2) 거름용 종이를 대고 국물을 거른다(사진 3).

❸ ②의 거른 국물을 냄비에 옮기고 거품을 걷어내며 끓이다가 물에 푼 갈분을 넣어 걸쭉하게 만든다(사진 4).

❹ 냄비를 불에서 내린 뒤 유자즙을 넣고(사진 5) 소금과 후추로 간을 맞춘다(사진 6).

[POINT]

회향 줄기를 넣고 국물을 우릴 때는 알싸한 맛이 밸 수 있으니 온도가 너무 높게 올라가지 않도록 주의한다.

굴/은행

칠레 안초로 만든 소스

크기는 작지만 강한 임팩트가 느껴지는 굴 요리다. 왼쪽 접시에 올린 훈제한 굴에는 매운맛이 적은 칠레 안초 고추 튀김을 베이스로 사용하고 흑마늘과 시나몬, 파프리카, 감 등의 재료를 섞어서 만든 검은색 소스를 입혔다. 굴의 훈연 향에 매콤하면서도 감미로운 소스가 잘 어울린다. 별도로 튀긴 은행 한 알을 곁들여 제공한다. (요리 레시피 → 193쪽)

[재료]

칠레 안초* ⋯ 100g
양파 ⋯ 2개
시나몬 ⋯ 1/2개
흑마늘 ⋯ 50g
감 ⋯ 50g
파프리카 ⋯ 150g
토마토 페이스트 ⋯ 80g
아카미소 赤味噌● ⋯ 25g
부용 드 레귐(→ 210쪽), 대나무 숯가루, 올리브 오일, 소금 ⋯ 적당량씩

*멕시코산 말린 고추. 검붉은색으로 매운맛이 강하지 않으며 달고 뛰어난 풍미가 특징이다.
●적갈색을 띠는 일본식 된장.

[만드는 법]

❶ 재료를 준비한다(사진 1). 파프리카는 구워서 껍질을 벗기고, 칠레 안초는 170℃로 가열한 올리브 오일에 튀긴다(사진 2).

❷ 압력솥에 올리브 오일을 두른 뒤 ①과 채 썬 양파, 시나몬을 넣고 볶는다(사진 3).

❸ ②에 흑마늘과 잘게 깍둑썰기 한 감, 구워서 깍둑썰기 한 파프리카, 토마토 페이스트를 더해 볶는다(사진 4).

❹ 아카미소와 부용 드 레귐을 넣고(사진 5) 뚜껑을 덮은 뒤 20분간 끓인다(사진 6).

❺ 충분히 끓으면(사진 7) 믹서에 넣고 간다.

❻ ⑤를 냄비에 옮겨 살짝 졸인 뒤 소금으로 간을 맞추고 대나무 숯가루를 넣어 섞는다(사진 8).

[POINT]

굴에 발랐을 때 흘러내리지 않도록 점성이 있는 묵직한 상태로 소스를 만든다.

다카다 유스케/La Cime

굴/라디키오/쌀

몰레 소스

아라이 노보루 셰프는 굴과 라디키오의 쌉쌀한 맛에 어울리는 소스를 구상할 때 초콜릿이 들어간 멕시코의 소스 몰레mole에서 아이디어를 얻었다고 한다. 6가지 향신료를 기름에 볶아 향을 내고 퐁을 부어 우러낼 때 아마존 카카오를 첨가했다. 복합적인 풍미를 자아내는 소스이기 때문에 포인트가 될 정도로 조금만 사용한다. (요리 레시피 → 194쪽)

[재료]

향신료 … 20g씩
 — 커민
 — 고수 씨
 — 카더몬
 — 회향 씨
 — 메이스
 — 호로파 씨
올리브 오일 … 30cc
셰리 식초 … 30cc
발사믹 식초 … 30cc
퐁 드 볼라유(→ 208쪽) … 300cc
아마존 카카오* … 20g
소금 … 적당량

*오타 데츠오太田哲雄 셰프가 남미에서 수입해 판매하는 공정 무역 카카오 매스.

[만드는 법]

1. 냄비에 올리브 오일을 두르고 강불로 가열하다가 충분히 달구어지면 향신료들(사진 1)을 넣고 볶는다(사진 2).
2. ①에 셰리 식초와 발사믹 식초를 붓고(사진 3) 살짝 졸인다(사진 4).
3. ②에 퐁 드 볼라유를 더해(사진 5) 양이 반으로 줄 때까지 졸인다(사진 6).
4. 아마존 카카오를 잘게 깎아 ③에 넣고 끓이면서 녹인 뒤(사진 7) 체에 거르고 소금으로 간을 맞춘다(사진 8).

[POINT]

향신료는 강불에 볶아서 향을 낸다. 단, 타지 않도록 짧은 시간 안에 가열한다.

굴/돼지 귀/케일

굴과 콜리플라워로 만든 소스

시간을 들여 익힌 콜리플라워의 각별한 맛이 느껴지도록 구성한 요리다. 콜리플라워 퓌레와 굴, 파슬리 오일을 섞어서 퓌레를 만들고 새콤달콤한 돼지 귀 조림과 포셰한 굴 위에 끼얹었다. 뚜껑처럼 덮은 케일 튀김을 부수어 고루 섞어 먹으면 콜리플라워의 달콤함과 굴의 진한 풍미가 하나 된 맛을 느낄 수 있다. (요리 레시피 → 194쪽)

[재료]

콜리플라워 … 2송이
베이컨 … 30g
굴 … 500g
화이트 와인 … 100cc
퐁 드 볼라유(→211쪽) … 90cc
파슬리 오일*, 버터, 올리브 오일,
 소금 … 적당량씩

*파슬리를 올리브 오일에 넣고 갈아 거른 것.

[만드는 법]

❶ 냄비에 버터를 녹인 뒤 얇게 썬 콜리플라워를 넣고(사진 1) 타지 않게 뒤적이며 쉬에한다(사진 2).

❷ ①을 푸드 프로세서에 넣고 간다(사진 3).

❸ 올리브 오일을 두르고 달군 별도의 냄비에 잘게 썬 베이컨을 넣고 볶다가 굴을 더한다(사진 4). 화이트 와인과 퐁 드 볼라유를 넣고 데글라세한다(사진 5).

❹ ③을 믹서에 넣고 간다(사진 6).

❺ ②와 ④, 파슬리 오일을 7:2:1의 비율로 섞어 푸드 프로세서에 넣고 간다(사진 7, 8).

[POINT]

콜리플라워는 적갈색이 돌 때까지 천천히 익혀 단맛을 끌어낸다.

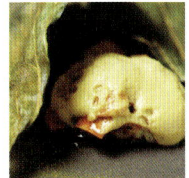

녹색 빛이 감도는 케일을 걷어내면 파슬리 오일을 섞어서 만든 녹색 퓌레가 나오도록 연출했다.

나마이 유스케/Ode

가리비/순무/숭어 어란

프로마주 블랑과 술지게미로 만든 소스, 유자 퓌레

프로마주 블랑fromage blanc●과 술지게미를 조합한 차가운 소스에 가리비와 숭어 어란을 버무린 뒤 유자 퓌레나 올리브 오일을 섞어가며 먹는 요리다. 프로마주 블랑과 술지게미라는 두 발효 식품의 산미와 단맛뿐만 아니라 깊은 감칠맛과 발효 향이 중첩되어 복합적인 맛을 선사한다. 소스는 맛이 어우러지도록 1~2일간 두었다가 사용하면 좋다. (요리 레시피 → 194쪽)

● 프랑스 북부에서 유래된 생치즈의 일종.

[재료]

프로마주 블랑과 술지게미 소스
프로마주 블랑 … 100g
술지게미('닷사이獺祭'라는 제품) … 30g
우유 … 100cc

유자 퓌레
유자 … 5개
트레할로스 … 120g
설탕 … 60g
소금 … 6g

[만드는 법]

프로마주 블랑과 술지게미 소스

❶ 키친타월을 깐 볼에 프로마주 블랑을 담고 2시간 동안 두어 물기를 뺀다. 술지게미는 반죽하듯이 개어 말랑하게 만든다(사진 1).

❷ ①의 프로마주 블랑과 술지게미를 함께 용기에 담고(사진 2) 핸드믹서로 섞는다(사진 3).

❸ ②에 우유를 넣고 다시 갈아 매끄러운 액체 상태로 만든다(사진 4).

❹ ③을 랩으로 덮고 시원한 곳에 1~2일간 두어 잘 섞이도록 한다. 사용하기 전에 다시 핸드믹서로 살짝 갈아서 사용한다(사진 5).

유자 퓌레
데치고 물을 버리는 과정을 2번 반복한 유자 껍질을 나머지 재료와 함께 써머믹스에 넣고 90℃로 가열하며 간다(사진 6).

[POINT]

술지게미는 향이 좋은 다이긴죠大吟醸●를 만들면서 나온 것을 사용한다.

● 정미 비율이 50% 이하인 백미를 원료로 주조한 청주.

다카다 유스케/La Cime

말린 관자/아스파라나/겨울 시금치

닭고기와 관자 비스크

닭날개로 낸 육수를 뼈째 믹서로 갈아 진하고 크리미한 육수를 만든다. 여기에 생 관자와 말린 관자로 만든 육수를 섞어 산과 바다의 감칠맛이 듬뿍 느껴지는 배합 육수를 만든다. 그릇 중앙에 담은 겨울 시금치를 흩트리면 흑초에 버무린 관자와 아스파라나アスパラ菜•가 속을 채우고 있는데, 이것을 육수에 적셔가며 먹는다. (요리 레시피 → 195쪽)

•중국 채소인 채심과 홍채태를 교배하여 만든 채소. 유채나물과 흡사한 겉모습과 아스파라거스와 비슷한 식감을 지녔다.

[재료]

닭고기 육수
 — 뼈가 붙어 있는 닭날개 … 1kg
 — 다시마 물* … 1ℓ
말린 관자 육수
 — 가리비의 외투막 … 20개 분량
 — 에샬롯 … 70g
 — 이탈리안 파슬리의 줄기 … 4개
 — 타임 … 3줄기
 — 베르무트 vermouth• … 40cc
 — 말린 관자 불린 물 … 500cc
 — 쌀겨기름 … 적당량
소금 … 적당량

*물에 다시마를 담가 하룻밤 두었다가 거른 것.
•와인에 향료나 약초를 넣어 가미한 혼성주의 일종.

[만드는 법]

❶ 닭고기 육수를 만든다. 닭날개와 다시마 물을 압력솥에 넣고 1시간 동안 끓인다(사진 1).
❷ ①의 육수를 뼈째 써머믹스에 넣어서 갈고(사진 2, 3) 체에 거른다.
❸ 말린 관자로 육수를 만든다. 가리비의 외투막을 소금으로 비벼 씻는다.
❹ 쌀겨기름을 두르고 달군 냄비에 채 썬 에샬롯을 볶다가(사진 4) 손질한 가리비 외투막을 넣고 강불에서 수분을 날리듯이 볶는다(사진 5, 6).
❺ ④에 이탈리안 파슬리 줄기와 타임, 베르무트를 넣고 말린 관자를 불린 물을 부어 15분간 끓인(사진 7) 체에 거른다(사진 8).
❻ ②의 닭고기 육수와 ⑤의 말린 관자 육수를 1:1의 비율로 섞고 소금으로 간을 맞춘 뒤 핸드 믹서로 간다.

[POINT]

닭날개를 뼈째 갈아서 진한 육수를 만든다.

성게알/돼지 껍질

파프리카 퓌레와 성게알 마요네즈

파프리카 파우더를 뿌린 돼지 껍질 튀김 밑에 신선한 성게와 두 종류의 소스가 숨겨진 요리다. 한 가지는 파프리카 퓌레고, 다른 한 가지는 소금을 뿌려서 반건조 한 성게알을 고운체에 내려 만든 성게알 마요네즈를 준비했다. 이들을 모두 섞어 마치 디핑 소스처럼 바삭바삭한 돼지 껍질과 함께 먹는 방식을 추천한다. (요리 레시피 → 195쪽)

[재료]

파프리카 퓌레

파프리카 … 5개
세리 식초 … 30cc
그래뉴당 … 50g
생크림 … 90cc
코냑, 소금 … 적당량씩

성게알 마요네즈

성게알 … 100g
수제 마요네즈 … 50g
소금 … 적당량

[만드는 법]

파프리카 퓌레

① 파프리카를 300℃의 오븐에 넣고 30~40분간 굽는다(사진 1).
② ①을 믹서로 갈고 소금과 세리 식초로 간을 맞춘다.
③ 냄비에 그래뉴당을 넣고 강불에서 끓여 캐러멜을 만든다. 색이 갈색으로 변하면 생크림을 더해 온도를 낮춘 뒤(사진 2) 코냑을 넣고 알코올 성분을 날린다.
④ ③에 ②를 넣고(사진 3) 핸드믹서로 간다(사진 4).

성게알 마요네즈

① 성게알 표면이 하얘지도록 소금을 듬뿍 뿌린 뒤(사진 5) 냉장고에 3일간 넣어둔다.
② ①을 흐르는 물에 씻고 물기를 뺀 뒤(사진 6) 다시 3일간 냉장고에 두고 건조시킨다.
③ ②의 수분이 충분히 빠지면 고운체에 내려 퓌레를 만들어서(사진 7) 마요네즈와 함께 섞는다 (사진 8).

[POINT]

성게알은 냉장고에 넣고 찬바람에 노출시켜 수분을 확실하게 뺀다.

돼지 껍질 튀김을 걷어내면 화려한 색감의 소스와 비올라 꽃이 나타나 눈을 즐겁게 한다.

나마이 유스케/Ode

제 3 장

생선 요리와 소스

생선 요리에는 만든 이의 개성을 표현하기 어렵다는 것도 이제는 옛말이다.
자유로운 발상으로 소스의 선택지를 넓힌다면
얼마든지 인상 깊은 생선 요리를 선보일 수 있다.

참돔/케일

도미와 유채나물 수프

촉촉하게 찐 도미의 젤라틴 질감을 즐길 수 있도록 구성한 요리다. 도미로 우려낸 퓌메 드 푸아송과 유채나물로 수프를 만들고 허브 오일과 핀제르브fines herbes*로 향을 풍성하게 더해 완성했다. 수프는 유채나물 대신 케일을 사용해 만들기도 하는데, 이때 트러플을 더해 진한 풍미를 내도 잘 어울린다. (요리 레시피 → 195쪽)

*처빌, 차이브, 파슬리, 타라곤 같은 허브의 잎과 줄기를 잘게 다져 섞은 것.

[재료]

퓌메 드 푸아송
— 도미 등뼈 … 5마리 분량
— 다시마 … 10g
— 물 … 1ℓ
유채나물 잎 … 200g
쿠르부용 … 50cc
파슬리 오일* … 5cc
핀제르브, 레몬즙, 소금, 후추 …
    적당량씩

*파슬리 60g을 60℃로 가열한 올리브 오일 300cc와 함께 믹서로 갈아서 만든 것.

[만드는 법]

❶ 퓌메 드 푸아송을 만든다. 도미 등뼈를 손질해서 소금을 뿌리고 10분간 둔다(사진 1).

❷ ①을 뜨거운 물에 살짝 데친 뒤 흐르는 물에 씻으며 핏기를 뺀다(사진 2).

❸ 손질을 끝낸 도미 등뼈와 다시마, 물을 냄비에 넣고 불에 올린다. 물이 끓어오르면 불을 약하게 줄이고 거품을 걷어내며 30분간 끓인 뒤(사진 3) 국물을 거른다.

❹ ③을 냄비에 다시 붓고 양이 1/2~1/3로 줄 때까지 졸인다(사진 4).

❺ 끓는 물에 소금을 넣어 유채나물의 잎만 데친 뒤 얼음물에 담가 변색을 막고(사진 5) 물기를 잘 짠다.

❻ ④와 ⑤를 믹서로 간 뒤(사진 6) 굵은체에 거른다.

❼ ⑥을 얼음물에 대고 빠르게 식힌 뒤 쿠르부용으로 농도를 조절하고 소금과 후추로 간을 맞춘다(사진 7).

❽ 음식을 내기 직전에 파슬리 오일과 핀제르브, 레몬즙을 넣고 따뜻하게 데워 제공한다(사진 8).

[POINT]

유채나물 줄기를 넣으면 묽어질 수 있으니 잎만 사용한다.

뱅어/사보이 양배추

블랙 올리브와 레몬 콩피, 드라이 토마토, 안초비로 만든 소스

뱅어는 신선도가 중요하며 상하기 쉬워서 메구로 고타로 셰프의 도전 의식을 자극하는 재료라고 한다. 셰프의 근무지였던 프랑스 남부를 생각나게 하는 100% 올리브 소스에 뱅어를 무쳐 짭짤하면서 감칠맛이 돋보인다. 따뜻하게 데운 접시에 뱅어 무침과 레몬, 안초비, 토마토를 함께 담고 그 위에 소테한 사보이 양배추를 덮어 따뜻한 샐러드처럼 제공한다. (요리 레시피 → 196쪽)

[재료]

블랙 올리브 퓌레
 - 소금에 절인 블랙 올리브 … 50g
 - 올리브 오일 … 200cc
레몬 콩피, 드라이 토마토, 안초비
 … 적당량씩

[만드는 법]

❶ 블랙 올리브 퓌레를 만든다. 블랙 올리브는 씨를 발라내고 적당한 크기로 썬다(사진 1).

❷ ①을 50℃로 설정한 식품건조기 또는 오븐에 넣고 24시간 동안 가열한다(사진 2, 3).

❸ ②와 올리브 오일을 믹서에 넣고 5분 동안 간다. 중간중간 올리브 오일을 적당히 더해 농도를 조절한다(사진 4).

❹ ③을 주걱으로 눌러가며 굵은체에 내린다(사진 5).

❺ 전체를 고루 섞는다(사진 6).

❻ 테이블에 제공하기 직전 뱅어(→ 196쪽)에 ⑤를 넣고 버무린다(사진 7).

❼ 레몬 콩피와 드라이 토마토, 안초비(사진 8)는 각각 적당한 크기로 썰어두고 플레이팅을 마무리할 때 사용한다.

[POINT]

올리브는 저온에 건조시켜 반건조 상태로 만든 뒤 퓌레를 만든다.

뱅어/비비추 잎

토마토와 비트 콩소메, 토마토와 비트 퓌레

뱅어와 비비추 잎, 매실장아찌 퓌레와 차조기 꽃을 활용하여 흰색과 분홍색으로 색감을 사랑스럽게 통일한 요리에 산뜻한 붉은 색 소스를 곁들여 냈다. 맑게 거른 토마토 워터에 비트를 넣고 우려내 감칠맛과 단맛, 건강한 맛이 느껴지는 소스는 그대로 사용하기도 하지만 때론 자색 고구마 식초와 쌀겨기름으로 유화시켜 퓌레를 만들기도 한다. 한 가지 소스를 서로 다른 형태로 응용하여 요리에 다양성을 부여했다. (요리 레시피 → 196쪽)

[재료]

토마토와 비트 콩소메
토마토 워터
  － 토마토 … 2kg
  － 소금 … 24g
비트 … 30g

토마토와 비트 퓌레
토마토와 비트 콩소메 … 400cc
한천 … 20g
자색 고구마 식초, 쌀겨기름 … 적당량씩

[만드는 법]

토마토와 비트 콩소메

❶ 토마토 워터를 만든다. 토마토를 끓는 물에 담가 껍질을 벗기고 큼직하게 썬 뒤 소금을 뿌려 냉장고에 하룻밤 넣어둔다(사진 1).

❷ ①을 믹서로 간 뒤 키친타월을 두 장 겹쳐서 깐 체에 부어 국물을 거른다(사진 2). 따로 압력을 가하지 않고 액체가 자연적으로 걸러지기를 기다린다.

❸ ②에서 거른 토마토 워터 250cc를 냄비에 붓고 얇게 썬 비트를 넣어 불에 올린다(사진 3). 내용물이 끓어오르면 거품을 걷어내면서 비트의 색과 향이 우러날 때까지 졸인 뒤(사진 4) 체에 거른다(사진 5).

토마토와 비트 퓌레

❶ 토마토와 비트 콩소메를 90℃로 데운 뒤 한천을 넣고 거품기로 잘 섞는다(사진 6). 이것을 볼에 옮겨 담고 얼음물을 대어 빠르게 식힌다.

❷ ①이 굳으면 자색 고구마 식초를 넣어서 묽게 만든 뒤 쌀겨기름을 더해 믹서로 간다(사진 7, 8).

[POINT]

하루 전날 미리 토마토에 소금을 뿌려두면 토마토 워터를 거르는 데 걸리는 시간을 크게 단축할 수 있다.

고객 앞에서 따뜻한 소스를 부어 뱅어가 살짝 익은 느낌을 맛볼 수 있게 한다.

나마이 유스케/Ode

송어/캐비아

화이트 아스파라거스로 만든 바바루아

닭고기 부용을 부어 흐물해질 때까지 익힌 화이트 아스파라거스를 파코젯에 갈고 생크림 등을 섞어 바바루아를 만들었다. 마리네한 송어의 짭짤하면서도 기름진 맛에 캐비아의 염분과 감칠맛을 얹고 여기에 화이트 아스파라거스의 단맛이 응축된 입에서 사르르 녹는 바바루아를 곁들였다. "사실은 소스가 주인공인 요리"라고 나마이 유스케 셰프는 귀띔한다. (요리 레시피 → 196쪽)

[재료]

화이트 아스파라거스 … 1kg
퐁 드 볼라유(→ 211쪽) … 200cc
우유 … 180cc
판젤라틴 … 10g
생크림, 버터, 소금 … 적당량씩

[만드는 법]

❶ 화이트 아스파라거스는 이삭부터 5cm가량 잘라낸 뒤 남은 부분을 2cm 길이로 썬다(사진 1). 이삭은 장식용으로 남긴다.

❷ 냄비에 버터를 녹이고 ①을 넣은 뒤 퐁 드 볼라유를 붓고 20분간 에튀베étuver●한다(사진 2).

❸ ②의 화이트 아스파라거스가 흐물해지면 우유를 넣고(사진 3) 소금으로 간을 맞춘 뒤 파코젯 전용 용기에 넣어 냉동한다(사진 4).

❹ ③을 파코젯에 간 뒤 냄비에 옮겨 따뜻하게 데운다.

❺ 물에 불린 판젤라틴이 담긴 볼에 ④를 조금 부어 젤라틴을 녹인 뒤(사진 5) 이것을 다시 ④에 붓는다. 볼을 얼음물에 대고 고루 섞는다(사진 6).

❻ 60% 정도 휘핑한 생크림을 여러 번 나누어 ⑤에 붓고 섞기를 반복한다(사진 7).

❼ ⑥을 전문가용 휘핑기에 채워 넣고 가스를 충전한 뒤 제공하기 직전 접시에 짠다(사진 8).

●육류와 채소를 재료가 가진 수분으로 찌거나 조리하는 것.

[POINT]
화이트 아스파라거스의 껍질에서 풍미가 우러나기 때문에 벗기지 않고 사용한다.

송어/미니 순무/적양파

쑥갓 퓌레와 비파 콩포트

훈제한 송어에 쑥갓 퓌레와 비파 콩포트를 곁들인 요리다. 퓌레는 만드는 법은 단순하지만 온도가 내려가면 풍미가 떨어지니 그때그때 만들어서 상온의 상태로 제공하는 것이 철칙이다. 카더몬 향이 감도는 비파 콩포트는 이를테면 '고체 소스'인 셈이다. 깔끔한 식감과 향긋한 단맛이 요리의 포인트가 되어준다. (요리 레시피 → 197쪽)

[재료]

쑥갓 퓌레
쑥갓 … 1단
베이킹 소다 … 5g
소금 … 약간

비파 콩포트
비파 … 2개
그래뉴당 … 25g
물 … 80cc
카더몬, 레몬즙 … 적당량씩

[만드는 법]

쑥갓 퓌레
❶ 냄비에 물을 넉넉히 붓고 베이킹 소다와 소금을 넣은 뒤 쑥갓을 데친다(사진 1). 쑥갓의 섬유질이 풀어지면(사진 2) 꺼내서 얼음물에 담가 변색을 막는다. 데친 물은 따로 담아둔다.
❷ 믹서에 ①의 쑥갓과 데친 물을 조금 넣고 갈아 퓌레를 만든다(사진 3).

비파 콩포트
❶ 비파는 껍질을 벗기고 씨를 뺀다.
❷ 냄비에 그래뉴당과 물을 넣고 펄펄 끓인 뒤 식힌다.
❸ 카더몬을 잘게 다진다(사진 4).
❹ ①과 ②, ③, 레몬즙을 전용 비닐에 넣고(사진 5) 진공 포장해서 냉장고에 하루 동안 넣어둔다(사진 6).

[POINT]
베이킹 소다를 넣으면 쑥갓의 섬유질이 단시간에 풀어진다.

송어/송어 알

뵈르 바 투 퓌메•

메구로 고타로 셰프는 짚으로 송어를 훈제하고 싶었지만, 그보다는 요리를 더욱 컨트롤하기 쉽도록 발상을 전환하여 볏짚으로 훈제한 버터를 소스로 삼아 송어를 마리네하는 데 사용했다. 간장 육수에 재운 송어 알과 사방죽四方竹을 그릇에 담고 볏짚 향을 입힌 소스와 차이브 오일을 뿌려 제공한다. (요리 레시피 → 197쪽)

•훈제한 버터를 넣고 갈아서 만든 소스.

재료

버터 … 200g
볏짚 … 적당량
쿠르부용(→ 213쪽) … 300cc
생크림 … 100cc
레몬즙, 후추, 소금 … 적당량씩

만드는 법

❶ 버터를 1㎝ 두께로 자르고 망에 올려 냉장고에 넣어둔다(사진 1).
❷ 사각 캔(18ℓ 정도)에 볏짚을 채우고 달군 숯을 넣은 뒤 다시 볏짚을 덮는다(사진 2, 3).
❸ 연기가 피어오르면 망에 올린 ①의 버터를 걸쳐 놓고(사진 4) 납작한 접시를 뚜껑 삼아 덮어 (사진 5) 30분간 훈제한 뒤 꺼낸다(사진 6).
❹ ③의 버터와 쿠르부용, 생크림을 냄비에 넣고 불에 올린다(사진 7).
❺ 버터가 녹으면서 부글부글 거품이 생기면 소금과 후추로 간을 맞춘다.
❻ ⑤를 핸드믹서로 간 뒤 레몬즙을 넣어 마무리한다(사진 8).

POINT

훈제하기 전에 버터를 충분히 차갑게 응고시킨다.

병어/푸아로/금귤

화이트 포트 와인으로 만든 소스

화이트 포트 와인에 버터와 후추를 넣어 만든 심플한 소스와 구운 병어를 조합했다. 보통 생선 요리에는 생선 퓌메로 소스를 만들어 곁들이는데, "이 방법은 감칠맛과 향이 약한 생선일 경우에 사용한다"고 가나야마 야스히로 셰프는 말한다. 여기서 준비한 병어는 감칠맛과 향이 모두 뛰어나기 때문에 감칠맛은 덜하면서 향을 중시한 소스로 균형을 잡았다. (요리 레시피 → 197쪽)

[재료]

화이트 포트 와인 … 34cc
통 백후추 … 3g
버터 … 8g
올리브 오일, 소금 … 적당량씩

[만드는 법]

❶ 재료를 준비하고(사진 1) 냄비에 화이트 포트 와인을 부어 불에 올린다(사진 2).
❷ 통 백후추를 갈아 넣고(사진 3) 양이 1/4로 줄 때까지 졸인다.
❸ ②에 버터를 넣어(사진 4) 가볍게 섞고 소금으로 간을 맞춘다.
❹ 테이블에 제공하기 직전 올리브 오일을 넣어(사진 5) 오일이 분리된 상태 그대로 요리에 곁들인다(사진 6).

[POINT]

버터를 넣은 뒤에는 과하게 섞기보다 가볍게 점성이 생길 정도로만 섞는다.

병어/감자/콩테 치즈

사프란 풍미를 더한 병어 쥐

병어 서덜로 만든 퓌메에 버섯과 뱅존 와인, 사프란을 넣고 한 번 더 맛을 우려내어 풍부한 향을 자랑하는 소스를 구운 병어에 곁들였다. 프랑스 요리다운 묵직한 맛이 있는 소스지만 핸드믹서로 갈아서 공기를 머금는 과정을 거쳤기 때문에 입에 닿는 감촉은 가볍다. 곁들이는 콩테 치즈의 감칠맛과 짭짤한 맛도 요리에 포인트가 되어준다. (요리 레시피 → 198쪽)

[재료]

병어 퓌메
 — 병어 서덜 … 1마리 분량
 — 다시마 물* … 300cc
토마토 워터** … 140cc
뱅존 와인 … 80cc
에샬롯 … 40g
양송이버섯 … 35g
사프란 … 0.1g
올리브 오일 … 100cc
소금 … 적당량

*물에 다시마를 담아 하룻밤 두었다가 거른 것.

**토마토를 믹서로 갈고 거름용 종이를 깐 체에 밭쳐 하룻밤 두면서 압력을 가하지 않고 걸러낸 물.

[만드는 법]

❶ 병어 퓌메를 만든다. 병어 서덜을 끓는 물에 데치고 재빨리 찬물에 담가 식힌 뒤 흐르는 물에 깨끗이 씻는다.

❷ ①을 다시마 물에 넣고 10분간 끓여 맛을 우려낸 뒤(사진 1) 거름용 종이를 대고 거른다.

❸ 냄비에 ②와 토마토 워터, 뱅존 와인을 붓고 불에 올린다(사진 2). 얇게 썬 에샬롯과 양송이버섯, 사프란을 넣고(사진 3) 분량이 반으로 줄 때까지 졸인 뒤(사진 4) 국물을 거른다.

❹ ③을 냄비에 붓고 농도가 진해질 때까지 졸인 뒤(사진 5) 소금으로 간을 맞춘다. 올리브 오일을 넣고 핸드믹서로 간다(사진 6).

[POINT]

뱅존 와인을 듬뿍 넣어 향이 풍부해지도록 완성한다.

붕장어/셀러리악

카카오 풍미를 더한 레드 와인 소스

붕장어와 레드 와인 소스의 조합은 민물장어를 레드 와인에 푹 조려서 만드는 프랑스의 전통 생선 스튜 마틀로트matelote에서 아이디어를 얻었다. 붕장어 구이의 고소한 맛을 내고 싶어서 생선과 소스를 따로 만들고 그릇에 함께 담았다. 구운 붕장어에서 느껴지는 살짝 쓴맛과 카카오의 쌉쌀한 맛이 어우러지게 하기 위해 소스의 마무리 단계에 초콜릿을 넣었다. (요리 레시피 → 198쪽)

[재료]

레드 와인 … 150cc
셰리 식초 … 50cc
부용 드 풀레(→ 212쪽) … 90cc
쥐 드 풀레jus de poulet●(→ 212쪽) … 60cc
쿠르부용(→ 213쪽) … 20cc
버터 … 30g
커버처 초콜릿(카카오 70%) … 39g
소금, 후추 … 적당량씩

●닭고기 육즙.

[만드는 법]

❶ 냄비에 레드 와인과 셰리 식초를 붓고 불에 올려(사진 1) 광택이 돌 때까지 졸인다(사진 2).
❷ ①에 부용 드 풀레와 쥐 드 풀레, 쿠르부용, 버터를 넣고(사진 3) 저어가며 가볍게 졸인다(사진 4).
❸ ②에 커버처 초콜릿을 넣어 녹인 뒤(사진 5, 6) 소금과 후추로 간을 맞추고 체에 거른다(사진 7, 8).

[POINT]

국물을 확실히 졸인 뒤 마지막으로 체에 걸러 진하면서도 매끄러운 소스를 완성한다.

가을과 겨울에 잘 어울리는 진한 소스다. 소스 사이에 끼워 넣은 소테한 셀러리악(뿌리 셀러리)과도 잘 어우러진다.

메구로 고타로/Abysse

뱀장어/트러플

발효시킨 돼지감자와 트러플로 만든 소스

아라이 노보루 셰프는 "네덜란드에서 먹어보고 인상 깊었다"는 발효 돼지감자를 재현하여 소스에 활용했다. 소금을 쳐서 진공 포장한 상태로 2주간 숙성시킨 돼지감자를 닭고기 육수에 넣고 살짝 끓인 뒤 트러플의 향을 더했다. 이 소스를 돼지감자 플랑flan● 위에 붓고 훈제한 뱀장어 구이를 올렸다. 발효된 돼지감자의 향과 신맛 덕분에 장어가 담백하게 느껴진다. (요리 레시피 → 198쪽)

●우유나 생크림을 섞은 달걀물을 틀에 붓고 구운 것.

[재료]

발효 돼지감자
 — 돼지감자 … 3개
 — 소금 … 돼지감자 중량의 3%
닭고기 육수(→ 208쪽) … 150cc
물에 푼 갈분, 트러플, 소금 … 적당량씩

[만드는 법]

❶ 발효 돼지감자를 만든다. 돼지감자에 소금을 뿌리고 전용 봉지에 넣어 진공 포장한 뒤 2주간 상온에 두고 발효시킨다(사진 1).
❷ 발효시킨 돼지감자의 껍질을 벗기고 잘게 깍둑썰기 한다(사진 2, 3).
❸ 냄비에 닭고기 육수를 넣고 반으로 줄 때까지 졸인 뒤(사진 4) 물에 푼 갈분을 넣어 걸쭉하게 만든다(사진 5).
❹ ③에 ②를 넣고 데우다가(사진 6) 잘게 썬 트러플을 넣고(사진 7) 소금으로 간을 맞춘다(사진 8).

[POINT]

트러플은 향이 날아가지 않도록 마무리 직전에 넣는다.

가다랑어/오렌지 파우더

구운 가지로 만든 아이스 파우더와 에스프레소 오일

가을 가다랑어와 가을 가지의 조합이다. 껍질을 구운 가다랑어를 따뜻한 상태로 접시에 올려 에스프레소 오일을 떨어뜨린 뒤, 가을 가지로 만든 퓌레를 액체 질소로 얼려서 잘게 부순 아이스 파우더를 뿌린다. 아이스 파우더로 가다랑어의 온도를 낮춰 다타키たたき● 같은 느낌을 내려고 했다. 에스프레소 오일은 가지와 에스프레소를 활용하여 쌉쌀한 맛이 나도록 만든 어느 이탈리아 디저트에서 아이디어를 얻어 만들었다고 한다. (요리 레시피 → 199쪽)

● 생선의 표면을 구워 회처럼 잘라서 제공하는 일본 요리.

[재료]

구운 가지 아이스 파우더

가지 … 300g
마늘 … 1쪽
안초비 … 10g
부용 드 풀레(→ 212쪽) … 200cc
쿠르부용(→ 213쪽) … 50cc
생크림 … 50cc
셰리 식초 … 30cc
소금, 후추 … 적당량씩

에스프레소 오일

에스프레소 … 50cc
커피 오일 … 30cc
점도 증진 식품 ('츠루린코つるりんこ'라는 제품) … 1g

[만드는 법]

구운 가지 아이스 파우더

❶ 가지는 표면이 그슬릴 때까지 직화로 굽고 껍질을 벗긴다.
❷ 마늘은 껍질을 벗겨서 우유에 삶고 국물은 버린다.
❸ ①과 ②, 안초비를 믹서에 넣고(사진 1) 부용 드 풀레와 쿠르부용을 부어서 간 뒤 체에 거른다(사진 2).
❹ ③에 생크림과 셰리 식초를 넣고 섞은 뒤(사진 3) 소금과 후추로 간을 맞춘다.
❺ ④를 크림 휘핑기에 채워 넣고 가스를 충전한 뒤 얼음물에 담가 차갑게 만든다.
❻ 내열 용기에 액체 질소를 붓고 ⑤를 짜 넣는다(사진 4). 순식간에 얼어버리니 거품기로 대충 부수어 두었다가(사진 5, 6) 푸드 프로세서로 갈아 파우더 형태로 만든다(사진 7).

에스프레소 오일

❶ 에스프레소를 내린다.
❷ ①에 커피 오일을 부은 뒤(사진 8) 점도 증진 식품을 넣고 섞는다.

[POINT]

구운 가지 아이스 파우더는 액체 질소로 차갑게 굳히고 분쇄하여 가벼우면서도 고운 촉감으로 만든다.

고등어/그래니 스미스 사과

고등어와 유청으로 만든 소스

유청의 산미와 드라이 에이징한 소고기의 지방으로 만든 쇠기름의 단맛과 깊은 맛에 고등어 등뼈의 감칠맛을 균형 있게 조합하여 부드러운 맛이 돋보이는 소스를 완성했다. 고등어 등뼈는 맛이 잘 우러나도록 미리 하룻밤 건조시켜 사용한다. 단단하게 구운 고등어에 소스와 함께 상큼한 그래니 스미스 사과를 곁들였다. (요리 레시피 → 199쪽)

[재료]

고등어 등뼈* … 1마리 분량
생크림 … 100cc
유청 … 100cc
숙성 소고기 기름** … 30g
소금 … 적당량

*고등어를 3장 뜨기 해 발라낸 등뼈를 사용한다.
**드라이 에이징한 흑모 와규의 지방으로 만든 수제 쇠기름.

[만드는 법]

❶ 고등어 등뼈를 바람이 잘 드는 곳에 걸어두고 하룻밤 말린 뒤(사진 1) 적당한 크기로 잘라 직화로 굽는다(사진 2).

❷ 냄비에 생크림을 끓이다가(사진 3) 유청과 숙성 소고기 기름(사진 4)을 넣는다(사진 5).

❸ ②에 ①을 넣고 풍미가 우러날 때까지 끓인 뒤(사진 6) 국물을 거르고 소금으로 간을 맞춘다.

[POINT]

고등어 등뼈를 불에 구워 고소한 향을 소스에 녹여 넣는다.

다카다 유스케/La Cime

금눈돔

그린피스와 팽이버섯, 벚꽃새우로 만든 소스

메구로 고타로 셰프는 금눈돔의 풍부한 육즙 때문에 접시에 담고 나서도 물기가 배어나와 소스가 연해지는 것을 걱정했다고 말한다. 그런 까닭에 튀긴 벚꽃새우와 그린피스, 자연산 팽이버섯을 쿠르부용과 함께 끓여서 가니시처럼 보이게 한 촉촉한 소스를 생각해냈다. 이 소스가 금눈돔의 수분을 흡수하여 한층 더 풍미 있게 구성했다. (요리 레시피 → 199쪽)

[재료]

벚꽃새우(냉동) … 50g
박력분 … 적당량
팽이버섯(자연산) … 50g
뱅존 와인 … 30cc
쿠르부용(→ 213쪽) … 30cc
그린피스 … 20g
이탈리안 파슬리 … 2g
레몬즙, 쌀겨기름, 버터, 소금 … 적당량씩

[만드는 법]

❶ 벚꽃새우를 굵게 다진다(사진 1).
❷ ①을 볼에 담고 박력분을 묻힌 뒤(사진 2) 160℃로 가열한 쌀겨기름에 튀긴다(사진 3). 기름이 벚꽃새우 색으로 물들면서 잔거품이 일면 불을 끄고(사진 4) 체에 걸러서 기름을 뺀다.
❸ 키친타월을 깐 납작한 접시에 ②를 담아 저온의 오븐에 넣고 데우면서 기름을 한 번 더 제거한다(사진 5).
❹ 냄비에 버터를 녹이고 줄기를 잘라낸 팽이버섯을 볶는다.
❺ ④에 뱅존 와인을 넣고 볶다가 졸아들면 쿠르부용을 더한다.
❻ ⑤에 ③과 삶은 그린피스, 잘게 다진 이탈리안 파슬리, 레몬즙을 넣고 다시 가열한다(사진 6).
❼ ⑥의 수분이 날아갈 때까지 졸이고(사진 7, 8) 소금으로 간을 맞춘다.

POINT

튀긴 벚꽃새우가 수분을 머금도록 조리해서 페이스트 질감의 소스를 만든다.

옥돔/버섯 파우더
밤 퓌레

디저트의 일종인 몽블랑에서 아이디어를 얻어 만든 가을 생선 요리다. 고소하게 구운 옥돔 비늘을 몽블랑의 토대로 삼고 소테한 표고버섯을 겹쳐 올린다. 그 위에 밤과 물만으로 만든 페이스트를 듬뿍 짜고 버섯 파우더를 뿌려 완성한다. 밤으로 달지도 짜지도 않은 퓌레를 만들어서 순수한 밤 맛을 전달하고자 했다. (요리 레시피 → 200쪽)

[재료]

밤 … 10~12개
물 … 500cc

[만드는 법]

❶ 밤의 겉껍질과 속껍질을 모두 벗긴 뒤(사진 1) 속껍질은 따로 모아둔다.

❷ 손질한 밤을 전용 봉지에 넣고 진공 포장한 뒤 온도 95℃, 습도 100%로 설정한 스팀 컨벡션 오븐에서 2시간 동안 가열한다(사진 2).

❸ ①에서 모아둔 속껍질을 프라이팬에 담고 고소한 향과 노릇한 색이 날 때까지 200℃의 오븐에서 15~30분간 가열한다(사진 3).

❹ 냄비에 물을 붓고 ③을 넣어 가열하다가(사진 4) 끓어오르면 5분간 더 우린 뒤 체에 거른다(사진 5).

❺ ②와 ④를 믹서에 넣어 갈고(사진 6, 7) 고운체에 내린다(사진 8).

❻ 몽블랑용 깍지를 낀 짤주머니에 ⑤를 채운다.

[POINT]

밤은 퓌레로 만들기 적합한 찰기 있는 것을 사용한다.

밤 퓌레는 너무 부드럽지 않도록 만드는 것이 포인트다. 제과용 몽블랑 깍지를 이용해서 플레이팅한다.

옥돔

이리 수프와 황금 순무 퓌레

다시마 육수에 데친 대구 이리를 약간의 백간장으로 간을 맞춰 믹서로 간 이리 스리나가시*를 소스로 곁들여서 비늘을 세워 구운 옥돔과 함께 맛보는 요리다. 그릇의 바닥에는 가다랑어포 육수에 익혀서 만든 황금 순무 퓌레를 깔아 전체적으로 일본 요리의 이미지가 떠오르도록 맛에 통일감을 준 반면 플레이팅은 양식 스타일로 해 묘한 반전을 연출했다. (요리 레시피 → 200쪽)

*어패류나 콩, 밤, 두부 등의 재료를 갈아서 맛국물과 섞은 일본의 전통 국물 요리.

[재료]

이리 수프
대구 이리 … 250g
다시마 물* … 300cc
백간장, 생강, 소금 … 적당량씩

황금 순무 퓌레
황금 순무, 가다랑어포 … 적당량씩

*물에 다시마를 담가 하룻밤 두었다가 거른 것.

[만드는 법]

이리 수프

❶ 소금을 넣고 끓인 물에(분량 외) 대구 이리를 살짝 데친 뒤(사진 1) 얼음물에 담가 재빨리 식히면서 표면의 불순물을 제거한다(사진 2).

❷ 다시마 물을 냄비에 담고 불에 올린다. 끓어오르기 직전 ①을 넣고 물의 온도를 유지한 채 거품을 걷어내며 2분간 데친 뒤(사진 3) 소금과 백간장으로 간을 맞춘다.

❸ ②를 푸드 프로세서로 갈아서 냄비에 넣고 데우다가 생강즙을 짜 넣고(사진 4) 핸드믹서로 거품을 낸다.

황금 순무 퓌레

❶ 황금 순무는 껍질을 벗겨 빗 모양으로 썰고 껍질은 따로 모아둔다.

❷ ①에서 나온 껍질과 물(분량 외)을 냄비에 넣고 팔팔 끓인다(사진 5).

❸ ②에 가다랑어포를 넣은 뒤(사진 6) 불을 약하게 줄이고 가다랑어포가 가라앉기를 기다렸다가 체에 거른다.

❹ ③을 냄비에 덜고 ①에서 손질해둔 황금 순무를 넣어 물컹해질 때까지 삶는다(사진 7).

❺ 삶은 순무를 꺼내고 포크 등으로 으깨 퓌레를 만든다(사진 8).

[POINT]

이리는 과하게 익지 않도록 90°C 전후의 물에 겉면만 단단해질 정도로 데친다.

무늬바리/말린 표고버섯/가리비

말린 표고버섯과 태운 버터로 만든 소스

물에 불린 표고버섯을 그 물과 함께 그대로 졸여 감칠맛이 농축된 육수를 젤라틴이 풍부한 무늬바리와 조합한 요리다. 소스는 마무리하기 직전에 로즈마리와 뜨겁게 태운 버터, 레몬즙을 더하여 피어오르는 향을 만끽할 수 있도록 완성했다. 가니시로는 시금치로 돌돌 만 표고버섯 뒥셀과 말린 가리비 칩을 곁들였다. (요리 레시피 → 200쪽)

[재료]

말린 표고버섯 … 30개
물 … 8~10ℓ
퐁 드 보 fond de veau (→212쪽) … 100cc
버터 … 150g
레몬즙 … 20cc
로즈마리 … 2줄기
버터(마무리용), 소금 … 적당량씩

• 송아지 뼈로 우려낸 육수.

[만드는 법]

❶ 말린 표고버섯을 물에 담가 하룻밤 동안 불린다(사진 1).

❷ ①과 표고버섯 불린 물을 냄비에 넣고 불에 올린다(사진 2). 뚜껑을 덮지 않은 채 양이 1/4로 줄 때까지 2시간 동안 졸인 뒤, 퐁 드 보를 넣어 다시 졸인다(사진 3).

❸ 프라이팬에 버터를 넣고 열을 가해 태운 버터를 만든다(사진 4).

❹ ②에 ③을 붓고(사진 5) 레몬즙과 로즈마리를 넣어 다시 졸이다가(사진 6) 농도가 충분히 진해지면 체에 거른다.

❺ ④를 작은 냄비에 옮겨 담고 끓이면서(사진 7) 소금으로 간을 맞춘 뒤 마무리용 버터를 넣어 살짝 걸쭉하게 만든다(사진 8).

[POINT]

표고버섯 불린 물은 붉은빛이 도는 진한 갈색이 될 때까지 졸여서 풍미를 응축시킨다.

홍바리/콩/바지락

건조식품으로 만든 소스

최근 다카다 유스케 셰프가 활용법을 모색하고 있는 건조식품을 주제로 한 요리다. 말린 콩, 말린 멸치, 말린 표고버섯처럼 많이 사용하는 건조식품을 닭고기와 함께 압력솥에 넣고 끓여서 농도가 진한 페이스트를 만들었다. 감칠맛을 내는 다양한 요소와 콩의 단맛이 어딘가 향수를 자극하는 소스를 다시마 육수에 포셰한 홍바리에 듬뿍 끼얹은 뒤 바지락과 삶은 콩을 흩뿌려 완성했다. (요리 레시피 → 201쪽)

[재료]

말린 콩 … 200g
쪄서 말린 멸치 … 30g
닭가슴살 … 50g
말린 표고버섯 불린 물 … 300cc
물 … 200cc
소금 … 적당량

[만드는 법]

❶ 재료(사진 1)를 손질한다. 콩은 물에 담가 하룻밤 불리고, 마른 멸치는 머리와 내장을 제거한다. 말린 표고버섯은 물에 담가 불려서 그 물만 사용하고, 닭가슴살은 적당한 크기로 자른다(사진 2).

❷ 압력솥에 ①과 물을 함께 넣어(사진 3) 뚜껑을 닫고 불에 올려 25분간 끓인다(사진 4).

❸ ②의 압력솥에서 압력이 빠지면 뚜껑을 열고 재료의 형태가 뭉개질 만큼 익었는지 확인한다(사진 5).

❹ ③을 믹서로 간 뒤(사진 6) 체에 거르면서 냄비에 담는다(사진 7). 따뜻하게 데운 뒤 소금으로 간을 맞춘다(사진 8).

[POINT]

재료를 끓일 때 콩 불린 물을 함께 넣어도 좋다.

광어

머위 꽃줄기와 로크포르 치즈로 만든 페이스트

메구로 고타로 셰프는 머위 꽃줄기를 먹는 방법을 고민하다가 페이스트를 떠올렸고, 이 요리를 만들게 되었다. 머위 꽃줄기와 산마늘을 곱게 다져 볶은 뒤 로크포르 치즈와 코냑을 섞어 만든 소스는 쌉쌀하면서도 깊은 감칠맛이 긴 여운을 남긴다. 껍질을 벗겨 고소하게 구운 광어와 페이스트 소스만 접시에 담아 의도한 바를 직설적으로 표현한 요리를 완성했다. (요리 레시피 → 201쪽)

[재료]

로크포르 치즈 … 150g
코냑 … 90cc
꿀 … 40g
머위 꽃줄기 … 200g
산마늘 … 100g
레몬즙, 쿠르부용(→ 213쪽), 올리브 오일, 소금, 후추… 적당량씩

[만드는 법]

❶ 로크포르 치즈와 코냑, 꿀(사진 1)을 핸드믹서로 잘 섞는다(사진 2).
❷ 머위 꽃줄기와 산마늘을 잘게 다진다(사진 3, 4).
❸ 테플론 가공한 프라이팬에 올리브 오일을 두르고 가열한다. ②에서 다진 머위 꽃줄기를 넣고 볶다가(사진 5) 구운 색이 나면 다진 산마늘을 넣고 소금으로 간을 맞춘다.
❹ ③의 프라이팬을 불에서 내리고 ①을 부은 뒤(사진 6) 다시 약불에서 끓인다(사진 7).
❺ ④의 수분이 날아가면서 기름이 분리되기 시작하면 레몬즙과 쿠르부용을 넣고 후추를 뿌려 마무리한다(사진 8).

[POINT]

머위 꽃줄기는 기름에 달달 볶아 아린 맛을 없애고 감칠맛을 끌어낸다.

이리/고구마/쌀
수제 발효 버터

나마이 유스케 셰프는 다양한 발효 식품을 직접 만드는 작업에 몰두하고 있다. 여기서는 요구르트와 생크림을 섞어 만든 발효 버터를 소스에 활용했다. 표면만 살짝 구운 대구 이리를 달콤한 고구마 리소토에 넣고 어우러지도록 해서 그릇에 담은 뒤 자연스러운 신맛과 향이 돋보이는 발효 버터 소스를 끼얹어 제공한다. (요리 레시피 → 201쪽)

[재료]

발효 버터
— 요구르트 … 500g
— 생크림(유지방 47%) … 2ℓ
우유 … 150cc

[만드는 법]

❶ 요구르트와 생크림을 한데 섞어(사진 1의 위) 상온에 1주일간 두고 발효시켜서 단단한 크림 상태가 되도록 만든다(사진 1의 아래).

❷ ①에서 만든 발효 버터 표면에 곰팡이가 생기면 깨끗하게 도려낸다.

❸ ②의 발효 버터 150g과 우유를 냄비에 넣고(사진 2, 3) 주걱으로 저어가며 끓어오르기 직전까지 데운다(사진 4).

❹ ③을 핸드믹서로 갈아 거품을 낸다(사진 5, 6).

[POINT]

수제 발효 버터는 진공 포장해서 냉동고에 보관한다.

이리

이리 필름

섬세한 대구 이리의 맛을 충분히 즐기려면 "소스도 이리로 만들어야 한다"고 다카다 유스케 셰프는 말한다. 청주와 바지락 육수에 이리를 넣고 끓인 뒤 페이스트를 만들고, 젤라틴을 더해 평평하게 굳혀 필름 형태의 소스를 만들었다. 포세한 이리에 필름형 소스를 씌워 그릇에 담으면 완성이다. 주재료와 소스의 하나 된 맛과 더불어 식감의 대비가 매력적인 요리다. (요리 레시피 → 202쪽)

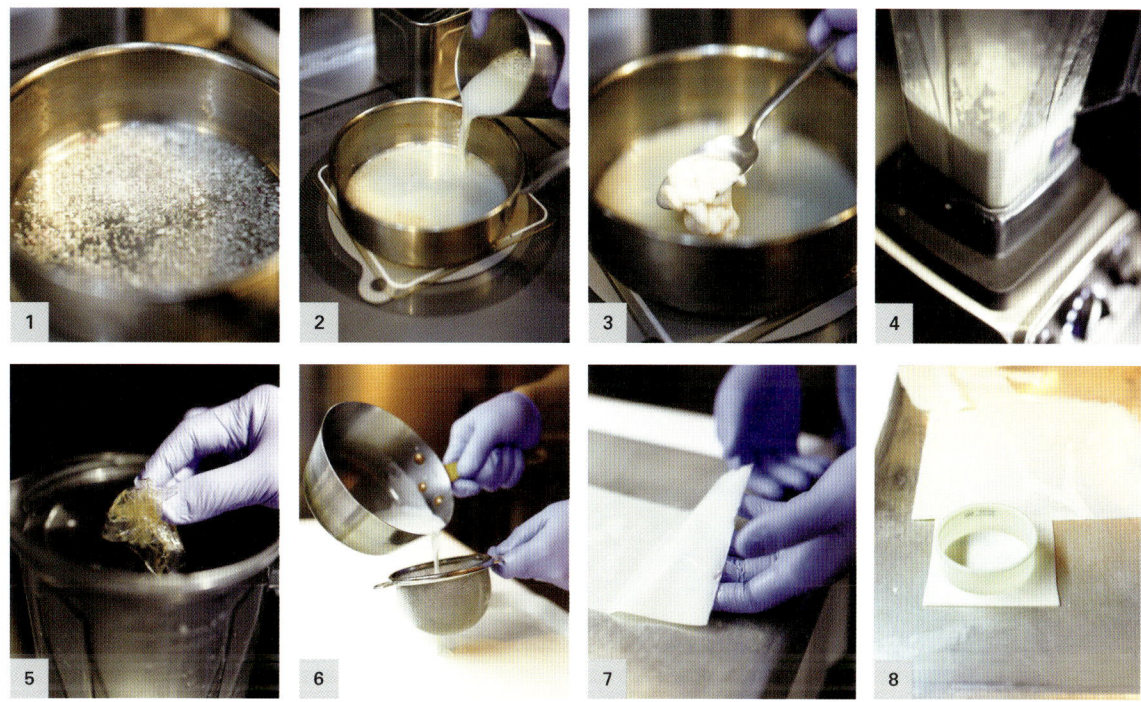

[재료]

에샬롯 … 30g
청주 … 50cc
바지락 쥐* … 250cc
대구 이리 … 50g
판젤라틴 … 2장
소금 … 적당량

*약간의 물과 술을 넣고 바지락을 쪄서 체에 거른 육수.

[만드는 법]

❶ 냄비에 잘게 다진 에샬롯과 청주, 소금을 넣고 끓인다(사진 1).
❷ ①에 바지락 쥐를 붓고 살짝 졸인 뒤(사진 2) 대구 이리를 넣는다(사진 3).
❸ ②를 믹서에 넣고 갈다가(사진 4) 중간에 물(분량 외)에 불린 판젤라틴을 더해(사진 5) 다시 간다.
❹ ③을 체에 걸러 납작한 접시에 2㎜ 두께가 되도록 부은 뒤(사진 6) 냉장고에 넣고 차갑게 굳힌다.
❺ ④가 필름 형태로 굳으면 접시에서 떼어낸 뒤(사진 7) 지름이 10㎝인 원형 무스틀로 찍어낸다(사진 8).

[POINT]
이리 필름은 찢어지기 쉬우니 식감에 방해가 되지 않는 선에서 두께감 있게 만든다.

색과 질감 모두 진짜 이리와 쏙 빼닮은 이리 필름이다. 한입 먹어야 비로소 식감의 차이를 알 수 있다.

다카다 유스케/La Cime

아브루가/백합 뿌리

레몬 풍미를 더한 사바용 소스

아브루가avruga는 훈제한 청어를 생선 알 모양으로 만든 가공식품으로, 캐비아의 대용품으로 널리 알려져 있다. 이 식재료를 가나야마 야스히로 셰프는 주인공으로 부상시켰다. 아브루가의 짭짤한 맛과 훈제 향을 돋보이게 하기 위해서 묵직한 느낌이 있지만 맛은 부드러운 사바용을 소스로 선택했다. 레몬 콩피의 시큼하면서도 달콤한 맛이 생선 알의 독특한 맛과 향을 완화시켜준다. (요리 레시피 → 202쪽)

[재료]

레몬 콩피
　― 레몬 … 1개
　― 그래뉴당 … 40g
　― 물 … 400cc
달걀노른자 … 1개 분량
물 … 25cc
뵈르 누아제트 … 50cc
레몬즙 … 약간

[만드는 법]

❶ 레몬 콩피(사진 1)를 만든다. 레몬은 껍질을 두껍게 벗기고 과육을 통썰기 한다. 레몬 껍질은 안쪽의 흰 부분을 잘라내고 데친 뒤 물은 따라 버린다. 이 작업을 3번 반복한다.

❷ 냄비에 ①에서 손질한 레몬 과육과 껍질, 그래뉴당과 물을 넣고 팔팔 끓이다가 불을 약하게 줄인다. 물을 보충해가며 재료가 부드러워질 때까지 뭉근히 끓인 뒤 믹서로 간다.

❸ 볼에 달걀노른자를 풀고 레몬 콩피 9g과 물을 넣어 거품기로 볼 바닥을 문지르듯이 섞는다(사진 2). 뜨거운 물에 중탕하면서 점성이 생길 때까지 섞는다(사진 3, 4).

❹ ③에 뵈르 누아제트를 조금씩 넣고 섞다가(사진 5) 레몬즙을 짜 넣고(사진 6) 다시 섞는다.

❺ ④를 크림 휘핑기에 채워 넣고 가스를 충전한 뒤 마무리 직전에 내용물을 짠다(사진 7, 8).

[POINT]

아브루가의 짠맛이 강하니 사바용에는 소금을 사용하지 않는다.

제 4 장

고기 요리와 소스

전통적인 소스를 재해석할 것인가, 새로운 접근법을 시도할 것인가.
어느 쪽이든 현대의 소스 또한 고기의 존재감에 뒤처지지 않는
응축된 감칠맛과 감각을 예민하게 자극하는 맛을 추구해야 한다.

닭고기/털게/캐비아

서양 고추냉이로 만든 소스

폰즈ポン酢*로 마리네한 닭가슴살을 쇼프루아chaud-froid** 스타일로 완성한 요리다. 소스는 서양 고추냉이를 생크림에 섞고 베르무트를 더해 향을 입혔다. 이렇게 만든 소스는 일단 진공 포장하여 냉동하는 것이 중요하다. 냉동을 거치면서 서양 고추냉이의 매운맛과 신선한 향이 생크림에 확실히 녹아든다. 털게와 캐비아, 허브로 색감을 살려 보기 좋게 장식했다. (요리 레시피 → 202쪽)

*맛국물에 식초, 간장, 레몬 등을 섞어 만든 소스.   **뜨겁게 조리한 재료를 차갑게 식히고 소스를 끼얹어서 마무리하는 방식.

재료

서양 고추냉이(냉동) … 30g
베르무트 … 60cc
에샬롯 … 10g
생크림 … 125cc
판젤라틴 … 1장
사워크림 … 125cc
요구르트 … 60g
레몬즙, 소금… 적당량씩

만드는 법

❶ 서양 고추냉이를 잘게 다진다(사진 1).
❷ 냄비에 베르무트와 다진 에샬롯을 넣고 수분이 날아갈 때까지 졸인다(사진 2).
❸ ②에 생크림을 넣고 끓이면서(사진 3) 가볍게 졸인다(사진 4).
❹ ③을 체로 거르면서 볼에 담고 물에 불린 판젤라틴을 넣어서 녹인 뒤 얼음물에 대고 한 김 식힌다(사진 5).
❺ ④에 사워크림과 요구르트, ①을 넣고 섞은 뒤(사진 6) 소금과 레몬즙으로 간을 맞추고 체에 거른다(사진 7).
❻ ⑤를 전용 봉지에 담고 진공 포장해서 하룻밤 냉동한다.
❼ ⑥을 해동한 뒤 마리네한 닭가슴살(→ 202쪽)에 듬뿍 바르고(사진 8) 냉장고에 넣어 차갑게 만든다.

POINT

소스를 진공 포장한 뒤 냉동실에 넣어 서양 고추냉이의 향이 소스에 스며들게 한다.

소스는 닭고기를 냉장고에 넣고 차갑게 식혀도 갈라지지 않도록 매끄러운 상태로 만든다.

아라이 노보루/Hommage

닭고기/당근

가와마타 샤모종 닭고기와 당근으로 만든 소스, 포르치니 거품

간 닭다리살을 닭가슴살에 올려 둥글게 말아 만든 발로틴에 닭 육수와 당근을 함께 졸여 단맛을 응축시킨 소스를 곁들인 요리다. 소스를 만들 때 퐁 드 보를 약간 넣어 맛의 깊이를 더하는 것이 포인트다. 프랑스 요리다운 압도적인 맛이 완성된다. 발로틴에는 포르치니 거품을 올려 가벼운 느낌을 연출했다. (요리 레시피 → 203쪽)

[재료]

**가와마타 샤모종 닭고기와
당근으로 만든 소스**

퐁 드 볼라유(→ 211쪽) … 360cc
당근 … 3개
퐁 드 보(→ 212쪽) … 120cc
라드* … 50g
후추 … 적당량

포르치니 거품

말린 포르치니, 퐁 드 볼라유 … 적당량씩

*에샬롯 향을 입힌 수제 라드를 사용한다.

[만드는 법]

가와마타 샤모종 닭고기와 당근으로 만든 소스

❶ 냄비에 퐁 드 볼라유(사진 1, 2)를 붓고 얇게 썬 당근을 넣는다(사진 3).
❷ ①에 후추를 뿌리고 당근이 흐물흐물해질 때까지 끓인다(사진 4).
❸ ②에 퐁 드 보를 넣고 골고루 섞은 뒤(사진 5) 체에 거른다.
❹ ③에 라드를 넣고(사진 6) 가볍게 섞는다(사진 7).

포르치니 거품

❶ 퐁 드 볼라유에 포르치니를 넣고 팔팔 끓인다.
❷ ①을 체에 거른 뒤 핸드믹서로 거품을 낸다(사진 8).

[POINT]

라드를 넣은 뒤에는 소스가 고루 섞이기 전까지만 섞는다.

두께가 약 1.5cm인 발로틴. 존
재감을 뿜어내는 소스와 더불
어 포만감을 준다.

닭고기/퀴노아

브로콜리 퓌레와 브로콜리 퀴노아

로스트한 닭가슴살에 브로콜리로 만든 2가지 소스를 곁들인 요리다. 감칠맛이 뛰어나고 적당히 탄력 있는 무라코시 샤모종 닭고기村越シャモロック의 맛이 돋보이도록 식감이 매끄러우면서 맛이 튀지 않는 퓌레를 소스로 선택했다. 여기에 잘게 다진 브로콜리를 마치 퀴노아처럼 보이게 만든 소스를 함께 곁들여서 두 소스의 식감 차이를 즐길 수 있도록 구성했다. (요리 레시피 → 203쪽)

[재료]

브로콜리 퓌레

브로콜리 … 1통
양상추 … 50g
바지락 쥐* … 100cc
소금 … 적당량

브로콜리 퀴노아

브로콜리 … 100g
바지락 쥐 … 100cc
마늘 오일, 소금 … 적당량씩

*냄비에 바지락과 물을 넣고 바지락 입이 열릴 때까지 끓여 국물을 거른 것.

[만드는 법]

브로콜리 퓌레

❶ 브로콜리를 데치고 데친 물은 따로 담아둔다.
❷ 끓는 물에 소금을 넣고 양상추를 데친 뒤 믹서로 갈아 퓌레를 만든다.
❸ 바지락 쥐를 냄비에 덜어서 데운다(사진 1).
❹ ①의 데친 브로콜리와 ③을 푸드 프로세서에 넣고 간다(사진 2).
❺ ④에 ①의 브로콜리 데친 물을 넣어 농도를 조절한 뒤 ②의 퓌레를 더해 색감을 조절하고(사진 3, 4) 소금으로 간을 맞춘다.

브로콜리 퀴노아

❶ 브로콜리를 밑동과 줄기, 송이 등 세 부분으로 나누어 각각 잘게 다진다(사진 5).
❷ 바지락 쥐를 냄비에 덜어서 데우다가 ①의 브로콜리 밑동(사진 6)과 줄기, 송이를 순서대로 넣고(사진 7) 짧게 가열한 뒤 마늘 오일을 더하고 소금으로 간을 맞춘다(사진 8).
❸ ②를 체에 밭쳐 물기를 빼고 식힌다.

[POINT]

브로콜리는 부위별로 데치는 시간을 달리해 전체를 균일하게 익힌다.

닭고기/카카오닙스

장미 버터와 쥐 드 풀레

버터에 파슬리와 레몬즙을 섞어 파슬리 버터를 만들듯이 장미 꽃잎을 넣어 만든 장미 버터를 별도의 그릇에 담아 닭가슴살을 담은 접시에 곁들였다. 주재료인 닭가슴살은 삶아서 닭고기 육수를 발라 구운 뒤 카카오닙스를 뿌려 식감의 변화와 쌉쌀한 맛의 조화를 꾀했다. 그 위에 장미 버터를 올리면 닭고기의 열로 버터가 녹아내리면서 장미향이 피어오른다. (요리 레시피 → 203쪽)

[재료]

장미 버터
식용 장미꽃, 버터 … 적당량씩

쥐 드 풀레
닭고기 부용(→ 210쪽), 소금 … 적당량씩

[만드는 법]

장미 버터
① 장미꽃(사진 1)은 잎을 하나씩 떼어 깨끗이 씻은 뒤 냉동한다(사진 2).
② ①과 버터를 푸드 프로세서에 넣고 간다(사진 3).
③ ②를 볼에 옮겨 담고 거품기로 섞어 색이 균일하게 만든다(사진 4).
④ 물방울 모양으로 생긴 실리콘 틀에 ③을 붓고 냉장고에 넣는다(사진 5).
⑤ ④가 굳으면 틀에서 꺼내 잠시 상온에 둔다(사진 6).

쥐 드 풀레
① 닭고기 부용을 냄비에 담고 양이 1/10로 줄 때까지 졸인 뒤(사진 7) 소금으로 간을 맞춘다.
② 삶은 닭가슴살(→ 203쪽)에 ①을 바르고 말리는 과정을 3번 반복한다(사진 8).

[POINT]
장미 꽃잎을 냉동해두면 버터와 좀 더 쉽게 섞인다.

다카다 유스케/La Cime

메추라기/곰보버섯/그린 아스파라거스

메추라기 쥐

메추라기 구이에 메추라기 쥐로 만든 소스를 곁들인 프랑스 요리의 전통적인 조합을 따른 요리다. 메추라기 뼈를 볶는 데 사용한 기름을 버려 잡내가 나지 않도록 완성하는 것이 비결이다. 이 방법은 가나야마 야스히로 셰프가 파리에 있는 미슐랭 3스타 레스토랑에서 근무했을 당시에 작업하던 방식을 재현한 것으로, 좀 더 캐주얼한 맛을 내고 싶을 때는 기름을 그대로 사용해도 무방하다. 메추라기 쥐는 곰보버섯과 뱅존 와인의 풍미를 더해 완성했다. (요리 레시피 → 204쪽)

[재료]

메추라기 뼈 … 2마리 분량
버터 … 55g
곰보버섯 끄트러기 … 40g
에샬롯 … 20g
마늘 … 1/2개
뱅존 와인 … 80g
부용 드 레귐(→ 209쪽) … 450cc
올리브 오일, 소금 … 적당량씩

[만드는 법]

❶ 냄비에 올리브 오일을 두르고 메추라기 뼈를 볶는다(사진 1). 버터를 더해 곰보버섯 끄트러기와 다진 에샬롯, 마늘을 넣고 다시 볶은 뒤(사진 2) 체에 밭쳐 기름을 뺀다(사진 3).

❷ ①을 다시 냄비에 옮겨 볶다가 뱅존 와인을 넣고 알코올 성분을 날린다(사진 4).

❸ ②에 부용 드 레귐을 붓고 양이 3/4으로 줄 때까지 졸인 뒤(사진 5) 체에 거른다(사진 6).

❹ ③을 다시 졸이면서 향을 내기 위해 뱅존 와인(분량 외)을 약간 넣고(사진 7) 소금으로 간을 맞춘다(사진 8).

[POINT]

메추라기 뼈를 볶을 때 사용했던 기름을 버려 맑은 쥐를 만든다.

비둘기/다리살로 만든 크로메스키

중식 스타일 죽과 비둘기 내장 소스

중식 요소를 접목한 요리에도 일가견이 있는 아라이 노보루 셰프는 말린 관자를 넣은 중식 스타일 죽을 농도 진한 소스처럼 비둘기 구이에 곁들였다. 여기에 매끄럽고 깊은 맛이 나는 비둘기 내장 소스도 함께 담아 성질이 다른 2가지 소스가 서로 어우러지면서 자아내는 맛의 변화를 즐길 수 있도록 요리를 구성했다. (요리 레시피 → 204쪽)

[재료]

중식 스타일 죽

말린 관자 … 20g
말린 관자 불린 물 … 100cc
쌀 … 75g
삶은 달걀노른자 … 1/2개 분량
물 … 3ℓ
소금 … 적당량

비둘기 내장 소스

에샬롯 … 50g
마데이라 와인 … 30cc
레드 포트 와인 … 50cc
쥐 드 피종 jus de pigeon● (→ 209쪽) … 200cc
비둘기 심장과 간 … 6개씩
생크림 … 100cc
소금 … 적당량

●비둘기 육즙.

[만드는 법]

중식 스타일 죽

❶ 말린 관자를 물(분량 외)에 담가 하룻밤 동안 불린다.
❷ 냄비에 쌀과 고운체에 내린 삶은 달걀노른자를 넣는다(사진 1). 물과 관자 불린 물을 붓고 약불에서 3~4시간 동안 끓이면서 죽을 쑨다.
❸ ②에 ①에서 불린 관자를 찢어 넣고(사진 2) 소금으로 간을 맞춘다(사진 3).

비둘기 내장 소스

❶ 냄비에 잘게 다진 에샬롯과 마데이라 와인, 레드 포트 와인을 넣고 불에 올려(사진 4) 수분이 날아갈 때까지 가열한다(사진 5).
❷ ①에 쥐 드 피종을 붓고 끓이다가 비둘기 심장과 간을 넣는다(사진 6). 액체의 양이 2/3로 줄 때까지 졸인 뒤 생크림을 넣는다(사진 7).
❸ ②를 푸드 프로세서로 갈아서 체에 거른 뒤 소금으로 간을 맞춘다(사진 8).

[POINT]

중식 스타일 죽은 찰기가 있는 페이스트 상태가 될 때까지 시간을 들여 끓인다.

페르드로/랑구스틴/사보이 양배추

랑구스틴 풍미를 더한 사바용 소스

아라이 노보루 셰프는 산과 바다에서 나는 재료들의 조합에 마음이 끌린다고 한다. 여기서는 소테한 페르드로perdreau●와 푸알레poêler●●한 랑구스틴을 사보이 양배추로 감싸고 랑구스틴 풍미를 더한 사바용 소스를 곁들였다. 갑각류 특유의 깊은 감칠맛이 맛이 다른 두 재료를 하나의 요리로 통합해준다. 마지막에 뿌린 에스플레트 고춧가루의 매콤함이 맛의 포인트가 되어준다. (요리 레시피 → 204쪽)

●야생 조류의 일종인 자고새의 새끼. ●●팬에 버터나 기름을 넣고 굽는 것.

[재료]

에샬롯 … 60g
베르무트 … 300cc
화이트 와인 식초 … 100cc
달걀노른자 … 6개 분량
태운 버터의 겉물* … 100cc
쥐 드 랑구스틴jus de langoustine●
 (→ 208쪽) … 150cc
에스푸마espuma용 폼** … 10g
레몬즙, 소금, 백후추 … 적당량씩

*태운 버터를 데워서 위에 뜨는 기름만 떠낸 것.
●랑구스틴 육즙.
**거품이 잘 만들어지게 도와주는 첨가물.

[만드는 법]

❶ 냄비에 잘게 다진 에샬롯과 베르무트, 화이트 와인 식초를 넣고 살짝 졸인 뒤(사진 1) 후추를 뿌리고 체에 거른다.

❷ 볼에 ①과 달걀노른자를 넣고(사진 2) 중탕하면서 거품기로 섞는다(사진 3). 어느 정도 섞이면 태운 버터에서 분리된 겉물을 부으면서(사진 4) 점성이 생길 때까지 휘젓는다.

❸ 냄비에 쥐 드 랑구스틴을 넣고 끓인 뒤 에스푸마용 폼을 넣어 녹인다(사진 5).

❹ ②에 ③과 레몬즙을 넣어서 섞고(사진 6, 7) 소금으로 간을 맞춘다.

❺ ④를 휘핑기에 넣고 가스를 충전해 두었다가 제공하기 직전에 거품을 짠다(사진 8).

[POINT]

태운 버터에서 분리된 겉물을 사용하여 색과 풍미가 너무 진해지는 것을 막는다.

뇌조/전복

흰강낭콩 프리카세와 전복 내장 소스

154쪽 요리와 마찬가지로 산과 바다에서 나는 재료를 조합한 요리다. 뇌조와 전복이라는 다소 생소한 조합은 쌉쌀한 맛이 나는 두 재료의 공통된 특징에서 떠올렸다. 소스로는 푹 삶은 흰강낭콩 퓌레와 갈아서 체에 거른 전복 내장을 준비했다. 흰강낭콩의 크리미한 맛으로 쌉쌀한 맛을 완화시키는 한편 전복 내장의 향이 깊은 인상을 주도록 만들었다. (요리 레시피 → 205쪽)

[재료]

흰강낭콩 프리카세

뇌조 다리살 … 50g
마늘 … 1/2쪽
타임 … 2줄기
화이트 와인 식초 … 30cc
생크림 … 50cc
흰강낭콩 퓌레* … 20g
올리브 오일, 소금, 백후추 … 적당량씩

전복 내장 소스

전복 내장 … 4개 분량
청주 … 100cc
백간장 … 100cc
소금 … 적당량

*물에 불린 흰강낭콩을 불린 물에 데친 뒤 푸드 프로세서로 갈아 고운체에 내린 것.

[만드는 법]

흰강낭콩 프리카세

❶ 올리브 오일을 두르고 달군 프라이팬에 잘게 썬 뇌조 다리살과 마늘, 타임을 넣고 볶는다(사진 1).

❷ ①에 화이트 와인 식초를 넣고 가볍게 졸이다가(사진 2) 생크림을 더하고 양이 2/3로 줄 때까지 졸인다(사진 3).

❸ ②에 흰강낭콩 퓌레를 넣고 고루 섞은 뒤(사진 4) 체에 걸러 냄비에 담는다(사진 5). 소금과 후추로 간을 맞춘다(사진 6).

전복 내장 소스

❶ 염장하듯이 전복 내장에 소금을 빈틈없이 뿌려 하루 동안 둔다(사진 7).

❷ ①의 염분을 빼지 않은 상태로 푸드 프로세서에 넣어 갈고 고운체에 내린다.

❸ 냄비에 청주를 넣고 팔팔 끓이다가 불을 약하게 줄인 뒤 ②와 백간장을 넣고 섞는다(사진 8).

[POINT]

소금에 절인 전복 내장의 강한 염분으로 전체적인 맛을 정리한다.

청둥오리/올리브/은행

청둥오리 쥐

청둥오리 가슴살에 청둥오리 뼈로 우린 육수를 조합했다. 뼈를 볶은 뒤 기름을 버리는 것은 150쪽에서 소개한 메추라기 쥐를 만드는 요령과 같다. 청둥오리 뼈가 익어서 색이 변한 뒤 탄내가 나지 않도록 마늘을 넣어주는 것도 포인트다. 여기서는 시나몬과 통카빈 가루를 넣어 달콤한 향을 입혔다. 마무리로 산뜻하면서 매운맛이 살짝 나는 올리브 오일을 둘러 풍미를 한껏 끌어올린다. (요리 레시피 → 205쪽)

[재료]

살을 발라낸 청둥오리 뼈(목뼈, 다리
  뼈 등) … 1~2마리 분량
버터 … 45g
마늘, 에샬롯 … 적당량씩
화이트 와인 … 100cc
물 … 500cc
시나몬 가루, 통카빈 가루, 포도씨
  유, 소금 … 적당량씩

[만드는 법]

❶ 포도씨유를 두르고 달군 냄비에 큼직하게 썬 청둥오리 뼈를 볶는다(사진 1).
❷ 뼈가 익어서 색이 변하고 냄비 바닥에 육즙이 눌어붙으면 버터를 넣고 데글라세한 뒤(사진 2) 얇게 썬 마늘과 에샬롯을 더해 볶는다(사진 3).
❸ 뼈가 충분히 볶아지면 체에 걸러 기름을 뺀다(사진 4).
❹ ③의 내용물을 다시 냄비에 담고 불에 올린 뒤 화이트 와인을 부어 데글라세한다(사진 5).
❺ 내용물이 졸아들면 물을 더해 뼛속의 감칠맛이 우러날 때까지 1시간 동안 끓인다(사진 6). 중간에 물이 부족하면 적당히 보충해가며 국물을 우린다.
❻ 소금으로 간을 맞춘 뒤 체에 거른다(사진 7).
❼ ⑥을 냄비에 붓고 불에 올려 데우면서 시나몬 가루와 통카빈 가루를 넣는다(사진 8).

[POINT]

뼈를 볶을 때 사용했던 기름을 버려 맑은 맛이 나도록 완성한다.

가나야마 야스히로/하얏트 리젠시 하코네 리조트 & 스파 'Berce'

푸아그라/양파

머위 꽃줄기 아이스크림

머위 꽃줄기로 만든 아이스크림과 함께 뜨거운 푸아그라를 먹도록 구성한 요리. 머위 꽃줄기의 쌉쌀한 맛과 푸아그라의 단맛이 대비되는 동시에 차갑고 뜨거운 온도의 대비까지 즐길 수 있도록 계획했다. 그런 까닭에 머위 꽃줄기는 쌉쌀한 맛이 확실히 돌고 푸아그라는 신선하면서 깊은 맛이 나는 것을 고르는 것이 중요하다. 가니시로 콩소메 풍미를 입힌 양파 튀일을 곁들였다.
(요리 레시피 → 205쪽)

[재료]

우유 … 200cc
생크림 … 250cc
머위 꽃줄기 … 20개
달걀노른자 … 5개 분량
트레할로스 … 90g

[만드는 법]

❶ 냄비에 우유와 생크림을 붓고 머위 꽃줄기를 손으로 찢어 넣는다(사진 1).
❷ ①을 불에 올리고 끓어오르면 냄비를 불에서 내린다(사진 2). 냄비에 뚜껑을 덮듯이 랩을 씌운 뒤 30분간 두어 맛을 우려낸다(사진 3).
❸ 볼에 달걀노른자와 트레할로스를 넣고 중탕하면서 거품기로 섞는다(사진 4).
❹ ③에 ②를 머위 꽃줄기째 모두 넣고(사진 5) 걸쭉해질 때까지 섞은 뒤(사진 6) 체에 거른다(사진 7).
❺ ④가 한 김 식으면 파코젯 전용 용기에 넣어 냉동한다.
❻ 플레이팅하기 직전에 ⑤를 파코젯으로 갈아 매끄러운 아이스크림을 만든다(사진 8).

[POINT]

머위 꽃줄기를 손으로 찢어 넣으면 풍미가 더 살아난다.

토끼고기/당근/아니스

토끼고기 쥐

콩피^{confit}*한 토끼고기와 내장으로 전통적인 파이 구이를 만들고 토끼고기 쥐와 함께 요리를 구성했다. 퐁이나 물을 넣지 않고 레드 포트 와인과 레드 와인만으로 토끼 뼈를 우려낸 토끼고기 쥐는 깔끔한 맛이 일품이다. 토끼고기의 감칠맛이 돋보이도록 뒷맛이 깔끔한 뵈르 누아제트를 더했다. '토끼' 하면 떠오르는 당근을 퓌레로 만들어서 함께 곁들였다. (요리 레시피 → 206쪽)

*저온의 기름에 천천히 고기를 익히는 조리법.

[재료]

토끼 뼈(머리뼈, 갈비뼈, 정강이뼈) … 1마리 분량
버터 … 75g
에샬롯 … 20g
마늘 … 1/2개
레드 포트 와인 … 150cc
레드 와인 … 400cc
뵈르 누아제트 … 15g
올리브 오일, 소금 … 적당량씩

[만드는 법]

❶ 토끼고기를 손질하고 남은 뼈를 큼직하게 자른다(사진 1).

❷ 올리브 오일을 두른 냄비에 ①을 넣어 볶다가(사진 2) 구운 색이 나면 버터를 넣어 무스 상태를 유지하면서 볶는다(사진 3).

❸ 얇게 썬 에샬롯과 마늘을 더해 볶다가 뼈에 노릇하게 눌은 자국이 생기면 체에 걸러 기름을 버린다(사진 4).

❹ ③의 내용물을 냄비에 담고 가열하다가 레드 포트 와인을 넣고 수분이 날아갈 때까지 졸인다(사진 5). 다시 레드 와인을 더해 양이 1/3로 줄 때까지 천천히 맛을 우려낸 뒤(사진 6) 소금으로 간을 맞추고 체에 거른다.

❺ ④를 냄비에 덜어서 데우다가 뵈르 누아제트를 더해 살짝 걸쭉하게 만든다(사진 7, 8).

[POINT]

레드 와인의 신맛과 뵈르 누아제트가 깔끔한 뒷맛을 선사한다.

토끼의 등살과 어깨살, 심장과 간은 콩피해서 준비한다. 소테한 푸아그라도 함께 넣어 파이 속을 채운다.

가나야마 야스히로/하얏트 리젠시 하코네 리조트 & 스파 'Berce'

어린 양고기/방울양배추/숭어 어란

숭어 어란과 양배추 버터로 만든 소스

홋카이도산 어린 양고기 안심에 숭어 어란과 양배추 버터로 만든 소스를 곁들여 먹는 요리다. 숭어 어란은 다시마와 함께 물에 담가 부드럽게 만들어서 그 물과 함께 믹서로 갈아 크리미한 국물을 만든다. 짭짤하고 감칠맛이 뛰어난 이 국물에 양배추를 넣고 흐물해질 때까지 끓여 만든 소스를 그릇 바닥에 깔고 고기를 얹는다. 마지막에 숭어 어란을 올리고 한련화 잎으로 매운맛을 곁들였다. (요리 레시피 → 206쪽)

[재료]

숭어 어란 … 1개
다시마 … 적당량
물 … 500cc
양배추 … 150g
버터 … 30g
버터(마무리용) … 15g
숭어 어란(마무리용, 곱게 간 것) … 적당량

[만드는 법]

❶ 물에 숭어 어란(사진 1)과 다시마를 6시간 동안 담가 숭어 어란을 말랑하게 만든 뒤(사진 2) 다시마는 꺼내고 그 물은 남겨둔다.

❷ ①에서 불린 숭어 어란의 얇은 껍질을 제거하고 알을 손으로 푼다(사진 3).

❸ ②와 ①에서 남겨둔 물을 푸드 프로세서에 넣고 간다.

❹ ③을 체에 거른 뒤 냄비에 옮긴다(사진 4).

❺ 양배추를 심과 잎의 가운데 부분, 잎의 끝 부분으로 나누어 잘게 썬 뒤 각각 끓는 물에 소금을 넣고 데친다.

❻ ⑤에서 데친 양배추 심을 ④에 넣고 60℃까지 가열해서 풍미를 우려낸다(사진 5).

❼ 별도의 냄비에 버터를 녹여 ⑤의 양배추 잎(가운데와 끝 부분 모두)을 에튀베한다.

❽ ⑦에 ⑥을 조금씩 부으며 잠시 보글보글 끓인다(사진 6). 농도가 적당해지면 마무리용 버터와 숭어 어란을 넣고 고루 섞은 뒤(사진 7, 8) 소금으로 간을 맞춘다.

POINT

액체를 거른 뒤 체에 남아 있는 숭어 어란도 숟가락 뒤로 눌러가며 냄비에 떨어뜨린다.

그릇 바닥에 양배추 소스를 깔고 그 위에 얇게 저민 양고기 안심을 보기 좋게 담는다.

아라이 노보루/Hommage

소고기/무

튀긴 채소와 레드 와인으로 만든 소스

얇게 저민 소고기를 포세하여 퐁 드 보처럼 보이는 진한 소스를 입힌 요리다. 볶은 소고기에 사워크림을 넣어 만드는 러시아 요리 스트로가노프 stroganoff와 비슷한 스타일이다. 퐁 드 보처럼 보이는 소스는 사실 기름에 튀긴 말린 채소를 레드 와인에 넣고 끓여 깊은 감칠맛을 우려낸 것이다. 다카다 유스케 셰프는 "말린 채소 튀김을 물과 함께 끓이면 기본 육수로 활용할 수 있을 것 같다"고 기대감을 드러낸다. (요리 레시피 → 206쪽)

[재료]

양파 … 20g*
당근 … 15g*
셀러리 … 5g*
월계수 잎 … 1장
토마토 가루 … 10g
마늘 가루 … 8g
레드 와인 … 300cc
퐁 블랑 드 보 fond blanc de veau●
　(→ 210쪽) … 200cc
전분, 올리브 오일, 소금 … 적당량씩

*표시된 채소는 모두 건조시킨 뒤의 무게를 나타낸다.
● 소뼈와 각종 채소, 향신료를 넣고 우려낸 흰색 소고기 육수.

[만드는 법]

❶ 양파와 당근, 셀러리를 각각 65℃로 설정한 식품건조기에 넣고 24시간 동안 건조시킨다(사진 1).

❷ 식용유(분량 외)를 160℃로 가열하여 ①의 채소를 각각 튀긴 뒤(사진 2) 식힘망에 올려 기름기를 뺀다.

❸ 올리브 오일을 두르고 달군 냄비에 월계수 잎과 토마토 가루, 마늘 가루를 넣고 볶는다(사진 3).

❹ ③에 레드 와인을 붓고 팔팔 끓이다가(사진 4) ②에서 튀긴 채소를 넣고 국물이 2/3로 줄 때까지 졸인다(사진 5).

❺ ④에 퐁 블랑 드 보를 붓고(사진 6) 양이 반으로 줄 때까지 졸인 뒤(사진 7) 국물을 거른다.

❻ ⑤에 전분을 넣어 점성을 높이고 소금으로 간을 맞춘다(사진 8).

[POINT]

건조시킨 채소는 향이 확실히 날 때까지 튀겨서 깊은 풍미를 낸다.

소고기를 포세한 다음 소스에 넣고 가볍게 열을 가해 맛이 어우러지게 한 뒤 그릇에 담는다.

에조 사슴/메밀잣밤나무 열매/잣

지롤버섯과 소금에 절인 다랑어 퓌레

다카다 유스케 셰프는 "다양한 요리가 나오는 코스 메뉴를 준비할 때 가니시나 양념에 가까운 활용도 높은 소스가 있으면 편리하다"고 말한다. 에조 사슴 구이에 곁들인 지롤버섯 뒥셀 역시 이러한 생각을 반영하여 만든 소스다. 뒥셀은 별다른 육수를 넣지 않고 염장한 다랑어로 감칠맛과 간을 보강했다. 이 뒥셀을 크넬quenelle● 모양으로 떠서 고기에 곁들이고 양념처럼 찍어 먹도록 구성했다. (요리 레시피 → 207쪽)

●프랑스식 덤플링.

[재료]

라드* … 25g
지롤버섯(냉동) … 150g
소금에 절인 다랑어** … 적당량

*가고시마현 아마미오섬에서 생산되는 시마부타 라드를 사용한다.
**이탈리아 사르데냐산 다랑어 속살을 염장한 제품을 사용한다.

[만드는 법]

❶ 냄비에 라드와 지롤버섯을 넣고 불에 올린 뒤(사진 1) 지롤버섯이 부드러워질 때까지 약불에서 찌듯이 익힌다(사진 2).
❷ ①을 믹서로 갈아 뒥셀처럼 만든다(사진 3).
❸ 염장한 다랑어를 강판으로 곱게 간다(사진 4).
❹ 상온에 둔 ②와 ③을 볼에 넣고 고루 섞는다(사진 5, 6).

[POINT]

급속 냉동한 일본산 지롤버섯을 사용해서 향이 더욱 두드러진다.

사슴고기/다리살로 만든 소시송/흑우엉

사슴고기와 우엉 쥐

퐁이나 부용을 전혀 사용하지 않고 레드 와인에 뼈와 향미 채소로만 맛을 우려내어 재료의 풍미를 살린 에조 사슴 쥐. 쥐를 우릴 때 듬뿍 넣는 튀긴 우엉이 풍미와 단맛의 주체라 할 수 있는 쥐의 기름진 감칠맛을 보완해주는 동시에 사슴고기와 잘 어울리는 자연의 향을 더해준다. 우엉에서 나오는 거품을 정성껏 걷어내는 것이 맑은 맛을 내는 비결이다. (요리 레시피 → 207쪽)

[재료]

에조 사슴 뼈 … 5kg
우엉 … 10대
당근 … 2개
양파 … 3개
셀러리 … 3대
타임 … 1줄기
토마토 페이스트 … 30g
레드 와인 … 2.25ℓ
올리브 오일, 소금 … 적당량씩

[만드는 법]

❶ 깨끗하게 씻은 사슴 뼈를 230℃의 오븐에 넣고 40분간 굽는다(사진 1).

❷ 연필을 깎듯이 돌려 깎은 우엉을 180℃로 가열한 기름(분량 외)에 튀긴 뒤(사진 2) 키친타월을 깐 납작한 접시에 담아 기름을 뺀다.

❸ 올리브 오일을 두르고 달군 냄비에 적당한 크기로 자른 당근과 양파, 셀러리를 넣고 볶는다(사진 3). 타임과 토마토 페이스트, ①을 넣고 레드 와인을 부은 뒤 ②의 튀긴 우엉을 마지막에 넣는다(사진 4). 강불로 팔팔 끓이면서 거품을 걷어낸다.

❹ 불을 약하게 줄여 분량이 반으로 줄 때까지 졸인다(사진 5).

❺ ④를 체에 거른다(사진 6). 사용할 만큼만 작은 냄비에 덜어 보글보글 끓이면서 다시 거품을 걷어내고(사진 7) 소금으로 간을 맞춘다(사진 8).

[POINT]

뼈에 붙은 힘줄이나 지방을 깨끗하게 손질해야 쥐의 맛이 깔끔하다.

나마이 유스케/Ode

에조 사슴/서양배/아렛타 브로콜리•

비트 쥐

가나야마 야스히로 셰프는 "재료의 질이 좋으면 소스에 괜한 감칠맛을 더할 필요가 없다"고 말한다. 선도가 뛰어난 에조 사슴 고기 구이에 비트와 식초, 약간의 버터만으로 만든 심플한 소스를 곁들였다. 비트는 원액기에 넣고 신선한 향을 그대로 간직한 즙을 짜냈다. 여기에 모과 식초로 향을 더하고 뵈르 누아제트로 점성을 높여 깔끔한 맛의 소스를 완성했다. (요리 레시피 → 207쪽)

•브로콜리와 케일을 교배해서 만든 스틱형 브로콜리.

[재료]

비트 … 2개
모과 식초 … 18cc
버터 … 15g
소금 … 적당량

[만드는 법]

❶ 비트는 껍질을 벗겨 2㎝ 크기로 깍둑썰기 한다(사진 1).
❷ ①을 원액기에 넣고 즙을 낸다(사진 2). 비트 2개면 ±60cc 정도의 즙을 얻을 수 있다.
❸ ②를 체에 걸러 냄비에 넣고(사진 3) 모과 식초를 더한다(사진 4). 팔팔 끓여서 거품을 걷어내고 양이 1/4로 줄 때까지 졸인다(사진 5).
❹ 뵈르 누아제트를 만든다. 냄비에 버터를 넣고 가열하다가 전체적으로 황금빛이 돌면서 크게 올라왔던 거품이 작아지면 불을 끈다(사진 6).
❺ ③을 끓이면서 ④를 넣고(사진 7) 소금으로 간을 맞춘 뒤 걸쭉해질 때까지 휘젓는다(사진 8).

[POINT]

뵈르 누아제트를 넣은 뒤에는 아주 살짝 걸쭉해질 정도로만 섞어서 마무리한다.

나의 소스 철학

시대에 따라 요리가 진화하는 과정에서
소스의 역할 또한 변화를 거듭해왔다.
뛰어난 솜씨로 주목받는 이 시대의 다섯 셰프.
그들이 생각하는 '현대 프랑스 요리에서 소스의 역할'이란 무엇일까?

아라이 노보루 荒井 昇

1974년 도쿄에서 태어났다. 조리사전문학교를 졸업한 뒤, 도쿄에 있는 프렌치 레스토랑에서 일하며 경험을 쌓았다. 이후 1998년 프랑스로 건너가 론과 프로방스 지방에서 1년간 배움을 이어갔다. 일본으로 돌아온 뒤 제과점과 츠키지 시장에서 일하며 독립을 준비하다가 2000년 고향 아사쿠사에 가게를 열었다. 2009년 현재의 위치로 옮기면서 가게를 리뉴얼했으며 2018년 8월, '오마주' 인근에 세컨드 브랜드인 '노우라 noura'를 열었다.

오마주 Hommage
東京都台東区浅草4-10-5
TEL: 03-3874-1552
www.hommage-arai.com

Q. 아라이 노보루 셰프에게 소스란 무엇인가요?

요리를 구성하는 3대 요소인 주재료와 가니시, 소스를 모두 합쳤을 때 비로소 하나의 요리가 완성되도록 항상 유념하고 있습니다. 예를 들어 페리괴 소스 sauce périgueux나 살미 소스 sauce salmis처럼 존재감 있는 소스라도 소스만 주인공이 되어서는 안 된다고 생각합니다.

소스의 독자적인 역할로는 우선 향이나 색, 모양을 자유로이 바꿀 수 있기 때문에 요리의 스타일에 변화를 주기 쉽다는 점을 들고 싶습니다. 또한 개인적으로는 소스를 활용해서 직접적인 '감칠맛'이나 '응축된 느낌'을 표현할 때가 많습니다. 졸여야 할 건 확실하게 졸이고 술이나 버터를 써야 할 곳에는 대범하게 쓰는 거죠. 꽤 오랫동안 프랑스 요리를 만들어왔기 때문에 요리의 겉모양은 현대적으로 바뀌어도 이러한 저만의 원칙이 크게 변하는 일은 없습니다.

마찬가지로 소스의 바탕이 되는 육수에는 시간과 비용을 아끼지 않으려 합니다. 육수용 닭고기는 요리에 쓰는 재료와 똑같이 무라코시 샤모종 닭을 통으로 사용하며 다시마 육수용 다시마나 맛에 포인트를 주기 위해 쓰는 가다랑어포 역시 항상 품질을 확인합니다.

요리를 세세한 부분까지 신경 써서 만들수록 재료의 맛을 살리고 무겁지 않은 인상을 주기 위해서 흔히 심플한 쥐를 곁들이게 되지요. 하지만 정성껏 뽑은 육수가 기본을 받쳐주는 소스에서만 느낄 수 있는 압도적인 맛 또한 프랑스 요리에서 빼놓을 수 없는 매력이라고 생각합니다. 결국 바탕이 되는 육수가 좋아야만 '최상의 맛'을 만들어낼 수 있는 셈이죠. 손님에게 직접적으로 보이지 않는 이런 부분까지도 소홀히 만들지 않겠다는 저의 의지와 고집이 평소에 하는 작업에도 녹아나리라 생각합니다.

Q. 소스 제조법이나 활용법에 있어서 포인트가 있다면?

일본 요리를 비롯해 중화요리나 멕시코 요리 등 다양한 장르의 요리를 통해 자극을 받으며 본받을 만한 요소를 도입하려 합니다. 다시마 육수와 이리로 만든 수프에 옥돔을 조합한 요리는 '스라나가시'라는 일본 요리에서 아이디어를 얻어 만든 것이고, 비둘기고기에 관자를 넣어 만든 중식 스타일 죽을 소스로 곁들인 요리 역시 홍콩에서 먹은 진한 관자 죽이 전복 내장의 비릿한 향과 잘 어울린다고 생각해서 접목해본 결과물이죠. 다만 이러한 다른 장르의 요리 기법은 어디까지나 프랑스 요리를 좀 더 맛있게 만들기 위한 수단이라고 생각합니다. 앞서 언급한 이리 수프는 유화를 확실하게 시키고 중식 스타일 죽은 비둘기 내장 소스를 곁들이는 식으로 각각 프랑스 요리에 어울리게끔 형식을 바꿔 의외성이 느껴지면서도 프랑스 요리로서 위화감이 없는 맛을 완성하고자 유념하고 있습니다.

저는 바스크 지방 요리에서 엿볼 수 있는 '산과 바다에서 나는 재료들의 조화'를 선호해 요리에 자주 응용하는 편입니다. 어떤 '사도 邪道'끼리의 조합이 식문화로써 가치를 지니게 된다는 점에 끌린다고 할까요? 비슷한 맥락에서 재료와 소스를 조합하는 데 있어서도 어울리거나 어울리지 않는 절대적인 기준은 없다고 여깁니다. 일반적으로 잘 짝지우지 않는 사도끼리의 조합도 균형을 어떤 식으로 맞추느냐에 따라서 굉장히 맛있는 요리가 완성될지도 모를 일입니다. 이런 생각에서 '페드로와 랑구스틴 소스', '어린 양고기와 숭어 어란 소스' 같은 요리들이 선을 보이게 되었습니다.

외국의 식문화를 접하다 보면 요리에 대한 고정관념이 무너지고 재료를 진솔하게 마주보는 자세가 얼마나 중요한지 새삼 깨닫게 됩니다. 다만 너무 고집과 신념을 잃어버리면 저만의 개성 또한 옅어지겠지요. 앞으로 이 부분을 어떻게 조율해서 '오마주'만의 맛과 세계를 만들어 갈지 진지하게 고민해야 하는 시점이라고 생각합니다.

가나야마 야스히로 金山康弘

1971년 가나가와현에서 태어났다. '긴자 레캉銀座 L'ecrin(도쿄·긴자)'과 '코트도르 CÔTE D'OR(도쿄·미타)' 등에서 일하며 경험을 쌓다가 2002년 프랑스로 건너갔다. 이후 파리에 있는 '라스트랑스 L'Astrance', '르 브리스톨 Le Bristol', '르 비스트랄 Le Bistral', '라 비가라드 La Bigarrade'에서 셰프로 일했다. 일본으로 돌아온 뒤 2013년 현재 일하는 호텔의 총주방장으로 취임했으며 지금까지 호텔 내 레스토랑 '베르스'의 주방장을 겸임하고 있다.

하얏트 리젠시 하코네 리조트 & 스파 베르스 Berce
神奈川県足柄下郡箱根町強羅1320
TEL: 0460-82-2000
hakone.regency.hyatt.com/ja/hotel/home

Q. 가나야마 야스히로 셰프에게 소스란 무엇인가요?

소스는 요리 전체의 균형을 잡아주기 위한 수단입니다. 제 경우에는 먼저 일정한 크기의 '틀'을 머릿속에 그려놓고 그 안에서 주재료와 소스의 균형이 잘 잡히도록 고민하는 편이에요. 정통 프랑스 요리에서는 주재료 이상으로 존재감이 강한 소스나 가니시를 활용해서 요리를 구성하는 경우도 많은데, 그와는 조금 다른 접근법이라고 할 수 있습니다.

요리를 입에 넣자마자 처음부터 강렬함이 느껴지는 소스보다는 다 먹었을 때쯤 재료들과 소스가 잘 어우러졌다고 느껴지는 맛이 이상적이라고 생각해요. 재료가 본래 지니고 있는 맛이지만 쉽게 느낄 수 없는 부문을 소스의 존재감 때문에 놓쳐서는 안 된다고 늘 생각하거든요. 재료의 장점이 가장 잘 발휘될 수 있는 포인트가 무엇인지를 우선적으로 고민하다 보면 자연스럽게 소스의 가닥도 잡히곤 합니다.

가령 생선 요리에서 주재료인 생선의 맛과 향이 약할 때는 퓌메 드 푸아송이나 다른 부용을 베이스로 하여 만든 감칠맛 강한 소스와 잘 어울립니다. 반면에 살이 올라 맛과 향이 강한 생선은 감칠맛이 강한 소스와 잘 어우러지지 못하면서 요리의 전체적인 균형이 무너지고 말아요. 그러니 일반적으로 알고 있는 재료와 소스의 상식적인 조합에 연연하지 않고 육수의 감칠맛에 의존하지 않는 소스를 고민해야 한다고 생각합니다. 이런 방식으로 먼저 재료와 소스에 접근해서 요리를 구성하고 있습니다.

Q. 소스 제조법이나 활용법에 있어서 포인트가 있다면?

가장 필요한 최소한의 요소로 요리를 구성하는 편이에요. 하지만 그 안에서 복합적인 맛이 느껴지도록 절제된 표현에 중점을 두고 있습니다. 특히 향을 중시해서 '향도 맛의 한 형태'라고 생각하며 향이 뛰어난 맑은 소스를 만들기 위해 노력합니다. 그러기 위해서는 무엇보다 작업 하나하나에 정성을 들이는 태도가 중요해요. 항상 재료와 요소를 그때그때 만들어서 써야 하는 것은 물론이고요.

예를 들어 고기 요리에는 재료의 쥐를 곁들이는 경우가 많은데 뼈를 볶고 난 뒤에 프라이팬에 남아 있는 버터는 맛을 탁하게 할 수 있으니 바로바로 버린다거나 탄내의 원인이 되는 냄비 표면의 오염을 부지런히 닦아내는 식입니다. 이런 기본적인 작업을 보다 세심하게 하면서 적절한 타이밍에 요리를 제공할 수 있도록 작업 순서를 항상 머릿속에 그려놔야 합니다. 만들었을 때의 신선도가 중요한 것은 소스뿐만이 아니라 채소 퓌레나 육수도 마찬가지예요. 특히 퓌레는 식으면서 향이 날아가기 때문에 상온에 보관할 수 있도록 항상 영업 직전에 준비해두며, 퐁 종뉴도 그날 만든 것은 그날 모두 소진하고 있습니다.

맛에 있어서는 신맛과 쓴맛, 짠맛이 균형을 이루도록 항상 신경 씁니다. 예를 들어 화이트 아스파라거스와 사바용 소스의 조합으로 선보인 요리에서는 소스에 첨가한 오렌지와 가니시에 사용한 패션프루트의 신맛으로 짠맛을 보강하려 했습니다. 이렇게 하면 소스에 넣는 소금의 양을 줄일 수 있어서 강한 짠맛이 화이트 아스파라거스의 향에 영향을 미칠 가능성도 줄일 수 있어요.

소스 작업을 마무리할 때는 버터로 점성을 주거나 올리브 오일로 광택을 내는 방법을 주로 사용합니다. 강한 맛을 중화하고 싶거나 맛에 깊이를 더하고 싶을 때는 생크림을 쓰기도 하는데 생크림은 잘못 쓰면 요리의 맛을 덮어버릴 수 있으니 넣는 양과 가열하는 시간에 항상 주의를 기울여야 해요. 이 책에서 소개한 주키니 꽃과 대합을 조합한 요리에서는 소스에 점성을 내기 위해 루를 사용했습니다. 루를 사용하면 퍼석하게 마무리된다거나 루가 옛날 작업 방식이라는 인식이 있기도 합니다. 하지만 밀가루의 글루텐이 충분히 형성되면 기름보다 더 가볍고 부드러운 느낌으로 소스를 마무리할 수 있어요. 충분히 재검토할 가치가 있는 기술이라고 생각합니다.

다카다 유스케 高田裕介

1977년 가고시마현 아마미오섬에서 태어났다. 조리사전문학교에서 프랑스 요리를 전공한 뒤 오사카에 있는 프랑스 요리 전문점에서 일했다. 2007년 프랑스로 건너가 파리의 '타유방 Le Taillevent'과 '르 모리스 Le Meurice' 등에서 2년간 셰프로 일했다. 일본으로 돌아온 뒤 2010년 '라심'을 열었으며, 2016년 2월 리뉴얼을 거쳐 새롭게 문을 열었다.

라심 La Cime
大阪府大阪市中央区瓦町3-2-15 瓦町ウサミビル1F
TEL: 06-6222-2010
www.la-cime.com

Q. 다카다 유스케 셰프에게 소스란 무엇인가요?

저에게 소스란 '맛을 내는 모든 것'을 의미합니다. 요리를 한다는 건 기억을 확인하는 작업과도 같습니다. 아이디어의 원천과 맛의 근원이 모두 제 경험 속에 있기 때문이죠. 그 점을 확실히 깨닫게 되면서 예전의 저라면 선택하지 않았을 재료도 망설임 없이 고를 수 있게 되었고, '소스라고 하니까 소스 같기도 한데…'라고 생각할 만한 소스도 주저 없이 요리에 활용하게 되었습니다.

예를 들자면 살짝 오래된 프로마주 블랑을 맛보았더니 숭지게미 같은 맛이 나서 갑자기 숭어 어란이 생각났던 적이 있습니다. 문어와 산초로 만든 츠쿠다니를 먹으면서 우롱차를 마셨을 때 굉장히 맛있게 느꼈던 일도 있고요. 이런 일상의 기억을 참고해서 새로운 맛을 발견하고 이를 소스로 구상하고 있습니다.

태어나고 자란 아마미오섬의 식문화도 아이디어를 얻는 데 많은 도움을 줍니다. 라디키오 요리에 곁들인 부댕 누아르 소스를 만들면서 응용한 돼지 피와 라드, 미소의 조합은 아마미의 전통 요리에서 실제로 찾아볼 수 있는 구성이에요. 사츠마, 오키나와, 타이완의 식문화가 뒤섞여 형성된 아마미만의 감각이 제 소스 철학에 큰 영향을 끼쳤다고 생각합니다.

최근에는 소스의 용도 확장에 대해서도 고민을 많이 하고 있어요. 이전보다 코스에 내는 요리의 가짓수를 늘리다 보니 그에 어울리는 다양한 소스가 필요하기 때문이죠. 여기서 소개한 소라 내장 소스나 다시마와 감자로 만든 소스도 이러한 '확장성'을 염두에 두고 만들었습니다. 둘 다 채소 요리에 준비한 소스지만 덩어리를 작게 해서 가니시로 내어도 좋고 생선이나 고기 요리의 소스로서 곁들일 수도 있습니다. 개성이 강하면서도 용도를 한정하지 않는 소스인 셈이죠.

Q. 소스 제조법이나 활용법에 있어서 포인트가 있다면?

요즘은 건조식품에 특히 관심을 갖고 요리에 활용해보고 있습니다. 말린 채소, 말린 두부, 말린 생선…. 이런 건조식품은 대다수가 상당히 동양적인 맛을 지닌 재료이면서도 전 세계인이 공통되게 맛있다고 느낄 만한 감칠맛을 자아내요. 바로 이 부분에서 식재료로서의 가능성을 느꼈습니다.

튀긴 채소와 레드 와인으로 만든 소스에 사용했던 말린 채소로 우린 육수는 특별히 더욱 마음에 든 발견이었어요. 양파와 당근, 셀러리를 건조시킨 뒤 기름에 바삭하게 튀기면 감칠맛이 한층 뛰어나지더라고요. 채소로 만든 육수인데도 마치 퐁 드 볼라유라고 착각할 만큼 제대로 된 감칠맛이 나니 그저 놀라웠습니다. 육수의 재료로 자투리 채소를 건조시켜 사용하면 되니까 재료의 낭비도 없고 미르푸아를 잘게 다지고 볶아야 하는 수고도 덜 수 있어요. 프랑스 요리의 전통적인 퐁처럼 오랜 시간을 들여 맛을 우려내지 않고도 이러한 재료와 압력솥 같은 기기의 도움을 빌어 요리의 토대가 되는 맛을 만들어낼 수 있다면 인력 부족으로 고민이 많은 레스토랑의 입장에서도 좋은 선택지가 되리라 생각합니다. 프랑스 요리의 '새로운 기본 육수'가 되었으면 하는 바람을 담아 저는 이 육수를 'New Basic Stock'이라 부르고 있습니다.

줄기상추 요리에서는 일본의 대표적 식재료인 건조 전갱이를 활용해 소스를 만들었습니다. 건조식품의 독특한 풍미가 프랑스 요리와 어울리지 않는다고 여겨질지 모르지만, 버터나 향신료와 궁합이 잘 맞기도 하고 마늘이나 치즈로 커버하는 방법도 효과적이에요. 그래도 풍미가 강하다면 디핑 소스처럼 활용하거나 서양 고추냉이 등 매운맛을 추가해서 균형을 잡는 방법도 추천합니다. 이런 식으로 아이디어에 제한을 두지 않고 생각하다 보면 앞으로도 보다 자유롭게 저만의 소스를 만들어갈 수 있으리라 생각합니다.

나마이 유스케 生井祐介

1975년 도쿄에서 태어났다. 처음에는 음악가를 꿈꾸었다가 25세 때 요리의 세계로 전향했다. '레스토랑 J레스토랑(도쿄·오모테산도)'와 '마사즈 MASAA's(나가노·가루이자와)'에 있으면서 우에키 마사柊木将c 셰프의 밑에서 요리를 배우고 실력을 쌓았다. 이후 '우르HEUREUX(나가노·가루이자와)', '시크 프테트르CHIC peut-etre(도쿄·핫쵸보리)'에서 셰프로 일한 뒤 2017년 9월 '오드'를 열었다.

오드 Ode
東京都渋谷区広尾5-1-32 ST広尾2F
TEL: 03-6447-7480
restaurant-ode.com

Q. 나마이 유스케 셰프에게 소스란 무엇인가요?

소스란 '주재료를 보다 맛있게 먹기 위한 존재'라고 생각합니다. 그런 까닭에 소스를 고민할 때는 먼저 주재료가 지닌 맛을 파악하는 일부터 시작해요. '어떤 식감을 지녔고 어떤 맛이 감칠맛을 끌어낼까?' '신맛을 더할까 아니면 술이나 기름으로 균형을 잡을까?' 이처럼 제 나름대로 고민한 식재료에 대한 접근법을 구현하는 수단이 바로 소스라고 생각합니다.

맛에 있어서는 깔끔한 감칠맛이 나는 소스를 추구합니다. 개인적으로는 '잡미雜味가 곧 감칠맛'이라는 사고방식도 좋아하지만 아무래도 프랑스 요리의 소스는 달라야 한다고 생각합니다. 응축된 맛이 필요하지만 아무거나 이것저것 넣고 졸이는 게 아니라 깊이가 있으면서도 깔끔한 뒷맛을 내는 것을 목표로 삼고 있어요.

그런 맛을 내기 위해서라도 기름을 쓸 때는 재료의 맛을 너무 덮어버리지 않도록 양을 절제하는 편이에요. 반면에 버터를 듬뿍 넣어야만 만들 수 있는 '감칠맛 가득한' 소스 역시 프랑스 요리를 대표하는 매력이라고 생각합니다. 특히 가을, 겨울에는 그런 요리들을 만들어보고 싶기도 해요. 다만 이런 식의 소스를 배합한 요리는 한 접시만 먹었을 때는 맛있다가도 '코스 전체를 먹기에는 부담스럽다'고 생각될 수 있습니다. 고객이 저희 요리를 그렇게 느끼면 곤란하니, 버터를 양껏 사용한 요리는 포인트로 딱 하나만 내는 등 코스의 흐름 속에서 변화를 주기 위해 노력을 기울입니다.

Q. 소스 제조법이나 활용법에 있어서 포인트가 있다면?

'주재료를 보다 맛있게' 만들기 위한 관점에서 주재료 자체를 소스의 구성 요소로 활용할 때가 종종 있어요. 가령 반디오징어 요리에 반디오징어 소스를 곁들이고 오징어와 무로 구성한 요리에 오징어와 무로 만든 소스를 곁들이는 식이에요. 이렇게 하면 '무엇을 먹었는지' 강한 인상을 남기는 요리를 만들 수 있다고 생각합니다.

주재료와 궁합이 좋은 재료로 소스를 만드는 방식도 선호하는 편이에요. 가와마타 샤모종 닭고기에 곁들인 당근 소스나 에조 사슴고기에 곁들인 우엉 소스, 무늬바리에 곁들인 말린 표고버섯 소스 등이 이런 식으로 구성한 소스예요. 물론 어떤 소스가 되었든 확실하게 졸여서 풍미를 응축시키고 탁하지 않은 맛을 끌어내는 것을 철칙으로 삼고 있습니다. '이건 당근으로 만든 소스예요', '이건 우엉으로 만든 소스입니다' 하고 자신 있게 전할 수 있도록 재료의 특징을 소스에 듬뿍 담아내고자 항상 유념합니다.

스타일 면에서는 소스를 파우더나 에스푸마, 아이스크림의 형태로 만들어서 온도나 질감의 변화를 즐길 수 있도록 준비하곤 합니다. 다만 이런 식으로 소스의 형태에 변화를 주게 된 데는 프랑스 요리에 대한 경험적 축적이 바탕에 깔려 있어요. '고전적인 요리에 이런 스타일도 있구나', '예전에 먹어본 이 조합은 궁합이 참 좋았어' 이런 식으로 음식에 대해 경험하고 느낀 기억들을 소중히 여겨야 한다고 생각합니다. 바탕이 있어야 새로운 시도도 가능하기 때문이죠. 예를 들어 홀란데이즈 소스sauce hollandaise를 익히 알고 있는 전통적인 사바용 스타일로 내어도 맛있겠지만 좀 더 공기를 많이 머금게 할 수는 없을지 고민해보는 거예요. '에스푸마로 만들면 입 속에서 기포가 터질 때 맛이 좀 더 쉽게 퍼져나갈지도 몰라!' 이렇게 머릿속으로 상상하며 방법을 떠올리고 시제품을 만들어봅니다. 물론 결과물이 잘 나올 때도 있고 그렇지 않을 때도 있어요. 하지만 '경험적으로 알고 있는 맛있는 스타일보다 더 맛있게 만들고 싶다'는 맛을 향한 욕구와 도전 정신이 요리에 새로운 형식을 불러온다고 확신합니다.

메구로 고타로 目黒浩太郎

1985년 가나가와현에서 태어났다. 조리사전문학교를 졸업한 뒤 도쿄에 있는 여러 프렌치 레스토랑을 거쳐 2011년 프랑스로 건너갔다. '르 프티 니스 파세다Le Petit Nice Passedat(마르세유)'에서 1년간 연수를 마치고 일본으로 돌아와 '칸테상스Quintessence(도쿄·고텐야마)'에서 2년 반 동안 일했다. 칸테상스에서 함께 일한 가와테 히로야스川手寬康 셰프가 '플로리레쥬Florilege'를 이전하는 것을 계기로 2015년 4월 플로리레쥬가 있던 자리에 '아비스'를 열었다. 2019년 다이칸야마로 가게를 이전했다.

아비스Abysse
東京都渋谷区恵比寿西1-30-12 EBISU-HILLS 1F
TEL: 03-6804-3846
abysse.jp

Q. 메구로 고타로 셰프에게 소스란 무엇인가요?

소스를 보면 어떤 요리를 완성하고자 했는지 요리사의 생각이 엿보이곤 합니다. 그렇기에 소스는 요리사의 독창성이 강하게 드러나는 부분이라고 생각해요.

재료가 지닌 맛을 자유롭게 형태를 바꿔가며 표현할 수 있다는 점도 소스의 매력이지요. 가다랑어와 구운 가지 요리에서는 구운 가지로 만든 차가운 파우더가 입속 열기에 녹으면서 가지의 향이 피어오르고, 순무 요리에서는 순무 잎을 퓌레로 만들어서 잎의 형태는 보이지 않지만 먹어보면 분명히 그 존재가 느껴지게 만들었어요. 이런 식으로 재료의 느낌이나 계절감까지 아울러서 고객에게 전달할 수 있는 소스를 이상으로 삼고 있습니다.

제 관점에서 소스는 '멀티 플레이어'가 아니에요. 뵈르 블랑 소스sauce beurre blanc나 보르드레즈 소스sauce bordelaise 같은 프랑스 요리의 전통적인 소스들은 대개 용도가 한정되지 않아 활용의 폭이 넓은 편입니다. 반면에 저는 '어느 한 가지 재료에만 쓸 수 있는 소스'를 만들어야겠다고 생각해요. 꽈리 소스는 홍합과 함께, 회향 수프는 굴과 함께여야만 하나의 요리라는 생각이 들도록 서로를 따로 떼어놓고 생각할 수 없는 요리와 소스의 조합을 찾아내는 작업에 항상 공을 들이고 있습니다.

Q. 소스 제조법이나 활용법에 있어서 포인트가 있다면?

소스는 가능한 한 심플하게 조리해서 메인 재료와의 관계를 명확하게 드러내려고 해요. 옥돔에 곁들인 밤 소스가 좋은 예지요. 사용한 재료는 밤과 물이 전부지만 대신 밤의 속껍질을 넣고 우려내서 밤 향을 입힌 물을 밤 페이스트에 추가해 농도를 조절하는 과정을 더했습니다. 여러 요소를 사용하지 않아도 재료에 포커스를 맞추는 작업을 하다 보면 그만큼 소스는 맛있어지기 마련인 것 같습니다. 소스에 알코올을 별로 사용하지 않는 편인데 이것도 비슷한 이유에서 설명할 수 있겠네요. 베르무트의 향이나 레드 와인의 산미가 느껴지지 않아도 충분히 맛있는 보다 심플한 소스를 만드는 것이 목표입니다.

소스가 요리에 포인트를 주는 요소이다 보니 퐁이나 부용 같은 육수는 좀 더 다양하게 활용할 수 있도록 범용성을 갖추려고 생각하고 있어요. '아비스'는 어패류 요리에 특화한 레스토랑이지만 맛의 토대로 닭 육수를 사용해서 감칠맛을 뒷받침해요. 물 대신 퐁 블랑을 사용하기도 하고 닭을 통으로 넣고 이틀에 걸쳐 우려내 콩소메만큼이나 깊은 맛을 내는 부용 드 풀레, 간장 같은 느낌으로 맛에 깊이를 주고 감칠맛을 보완하는 쥐 드 풀레 등을 항상 준비해 둡니다. 이런 육수류와 과일이나 채소로 만든 퓌레, 열매, 유청, 오일 등을 조합해서 소스에 변화를 주는 방법을 즐겨 사용하고 있습니다.

그중에서도 가장 활용도가 높은 것은 오일이에요. 일본산 생선의 섬세한 맛이 버터 계열 소스와 항상 잘 어울리진 않거든요. 하지만 지방에서 느껴지는 독특하고 깊은 감칠맛이 요리에 꼭 필요할 때가 있어요. 그럴 때 다양한 맛과 향을 입힌 오일을 적극 활용하는 편입니다. 바질이나 차이브 같은 수제 허브 오일부터 너트 오일, 감귤 오일, 파드득나물 오일처럼 다양한 향을 입힌 오일을 소스에 첨가하거나 마무리용으로 떨어뜨려 요리에 풍부한 향을 더하고 완성도를 높여주는 거죠. 이런 측면에서 보자면 오일도 저한테는 훌륭한 '소스'라고 볼 수 있을 것 같아요.

요리 레시피와
다섯 셰프의 육수

책에서 소개한 78가지 요리에서
소스 이외의 부분과 관련된 레시피를 공개한다.
이와 더불어 다섯 셰프가 요리에 사용한
18가지 육수의 레시피도 함께 실었다.

(→ 12쪽)　　　　　　　　　　(→ 14쪽)　　　　　　　　　　(→ 16쪽)

화이트 아스파라거스/아몬드/오렌지
오렌지 풍미를 더한 사바용 소스

가나야마 야스히로/하얏트 리젠시 하코네 리조트 & 스파 'Berce'

만드는 법

화이트 아스파라거스

화이트 아스파라거스를 깨끗이 씻은 뒤 끓는 물에 소금을 넣고 데친다.

아몬드

❶ 냄비에 물 15cc와 그래뉴당 15g을 넣고 120℃까지 가열한 뒤 살짝 구운 아몬드(마르코나 품종)를 넣고 그래뉴당이 갈색으로 변하기 직전 불을 끈다. 아몬드에 입혀진 그래뉴당이 하얗게 될 때까지 섞는다.

❷ ①을 다시 불에 올리고 색이 확실히 짙어질 때까지 카라멜리제한다.

❸ ②가 한 김 식으면 적당한 크기로 부순다.

마무리

❶ 화이트 아스파라거스에 올리브 오일을 약간 발라 그릇에 담는다. 그 옆에 오렌지 풍미를 더한 사바용 소스를 곁들이고 올리브 오일을 몇 방울 떨어뜨린다.

❷ ①의 주위에 아몬드와 패션프루트, 한련화 잎을 장식한다.

> 가니시에 신맛이 나는 요소를 넣어 소스의 짭짤한 맛이 두드러지게 한다. 여기서는 패션프루트를 사용했지만 베고니아꽃 등 다른 재료도 어울린다.

대파 국물
구운 대파 쥐

다카다 유스케/La Cime

만드는 법

구운 대파

❶ 대파를 300℃의 오븐에 넣고 구운 뒤 랩으로 감싸 막대 모양으로 만든다.

❷ ①이 한 김 식으면 랩을 풀고 2cm 길이로 잘라 단면을 버너로 그슬린다.

완두콩

구운 대파에서 나온 즙을 냄비에 담고 끓이다가 완두콩을 넣어 살짝 익힌다.

마무리

❶ 그릇에 구운 대파를 담고 완두콩과 구운 대파 즙을 함께 붓는다.

❷ 싹눈파를 올리고 파기름(해설 생략)을 방울방울 떨어뜨린다.

> 완두콩을 소스에 넣고 데우면 대파의 단맛과 완두콩의 풋내가 어우러져 통일감이 생긴다.

후나즈시 밥과 콩
표고버섯과 밥으로 만든 소스

나마이 유스케/Ode

만드는 법

❶ 꼬투리째 먹는 완두콩을 3~5초간 소금물에 데친다.

❷ 냄비에 퓌메 드 푸아송을 끓이다가 버터를 넣고 소금으로 간을 맞춘다. 적당히 자른 강낭콩과 잠두콩을 넣고 살짝 가열한다.

❸ 그릇에 완두콩과 강낭콩, 잠두콩을 담고 ②의 국물을 약간 붓는다. 그 위에 비비추 잎으로 돌돌 만 표고버섯과 밥으로 만든 소스를 올리고 오제 이유 잎을 곁들인다.

> 세 종류의 콩을 살짝 삶듯이 익혀 식감을 살리면서 풍미를 좋게 만든다.

(→ 18쪽)

그린피스/양배추/오제이유
오제이유 쥐와 양배추 퓌레

가나야마 야스히로/하얏트 리젠시 하코네 리조트 & 스파 'Berce'

만드는 법

❶ 그린피스를 살짝 데친다.
❷ 그릇에 ①과 양배추 퓌레를 담고 적당한 크기로 자른 생굴을 곁들인 뒤 오제이유 쥐를 붓는다.
❸ ②에 라르도 디 콜로나타와 어슷하게 썰어서 표면에 그을린 자국이 나도록 구운 오이를 올린다.
❹ ③에 페코리노 로마노 치즈를 갈아 올리고 반으로 자른 체리와 오제이유 잎, 클레이토니아 잎을 장식한다.

단맛과 신맛, 쓴맛, 미네랄 등 다양한 요소가 느껴지는 그릇을 라르도 디 콜로나타의 지방분과 감칠맛으로 정리한다.

(→ 20쪽)

죽순/미역/벚꽃새우
죽순으로 만든 소스

나마이 유스케/Ode

만드는 법

죽순
죽순 소스를 만들 때 따로 남겨둔 죽순을 기름에 튀긴다.

미역 무스
❶ 미역을 데치고 물기를 뺀다.
❷ 가리비를 푸드 프로세서로 갈다가 ①을 넣고 다시 간 뒤 소금으로 간을 맞춘다.
❸ ②에 달걀흰자를 넣어 갈면서 질감을 부드럽게 조절한다.
❹ ③을 랩에 붓고 지름이 1㎝인 원기둥 모양을 만들어서 찐다.

벚꽃새우
벚꽃새우에 녹말을 입혀서 튀긴다.

마무리
❶ 깊이가 있는 그릇에 죽순과 미역 무스를 번갈아가며 담고 붉은 옥살리스를 장식한다.
❷ 죽순 소스와 벚꽃새우를 따로 곁들인다. 먼저 죽순과 미역 무스에 소스를 뿌려서 맛본 뒤 벚꽃새우를 얹어 먹는 방법을 추천한다.

미역 무스를 만들 때는 가리비와 미역을 확실하게 갈아서 상태를 확인한 뒤 부드러운 느낌이 부족하다면 달걀흰자를 추가한다.

(→ 22쪽)

랑구스틴/죽순/토마토
토마토와 산초나무 순으로 만든 소스

가나야마 야스히로/하얏트 리젠시 하코네 리조트 & 스파 'Berce'

만드는 법

랑구스틴을 올려서 튀긴 죽순

❶ 죽순을 살짝 데친다.
❷ 식감이 살아 있도록 랑구스틴을 칼로 굵게 다진다. 달걀흰자와 옥수수 전분을 넣고 푸드 프로세서로 간 뒤 소금으로 간을 맞춘다.
❸ ①에서 데친 죽순의 뾰족한 부분에 칼집을 넣어 반으로 자른 뒤 ②를 듬뿍 바른다.
❹ 00밀가루 50g에 기네스 흑맥주 80cc를 넣고 섞어서 튀김옷을 만든다.
❺ ③에 ④의 튀김옷을 입혀 올리브 오일에 튀긴다.

마무리

❶ 그릇에 꽃대가 올라와 꽃이 핀 루꼴라를 담고 토마토와 산초나무 순으로 만든 소스를 붓는다.
❷ 랑구스틴을 올려서 튀긴 죽순을 반으로 잘라 단면이 위로 향하게 담고 산초나무 순을 뿌린다.

튀김옷을 만들 때 물 대신 흑맥주를 넣어 바삭한 식감과 은은한 쓴맛이 감돌게 한다.

(→ 24쪽)   (→ 26쪽)   (→ 28쪽)

 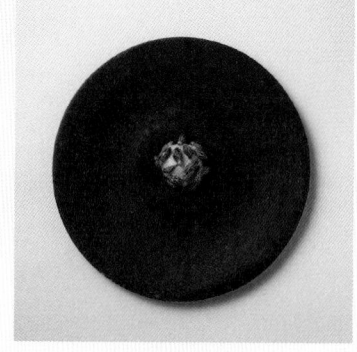 

봄
유채나물 퓌레와 감자 크럼블

감자
다시마와 감자로 만든 소스

감자/캐비아
바지락과 캐비아로 만든 소스

메구로 고타로/Abysse   다카다 유스케/La Cime   나마이 유스케/Ode

만드는 법

방울양배추

올리브 오일을 두르고 달군 프라이팬에 반으로 자른 방울양배추를 넣고 노릇하게 굽는다.

왕우럭조개

❶ 왕우럭조개는 껍데기를 제거하고 수관과 몸통, 외투막을 발라내 굵게 다진다.
❷ ①을 올리브 오일을 두르고 달군 프라이팬에 넣고 살짝 소테한 뒤 소금을 약간 뿌린다.
❸ 잘게 다진 산마늘을 ②에 넣고 레몬즙을 둘러 데글라세한다.

마무리

❶ 그릇에 유채나물 퓌레를 동그랗게 모양내 담고 그 위에 왕우럭조개를 올린다.
❷ ①에 감자 크럼블을 뿌리고 전체를 감싸듯이 방울양배추를 담아 올린다.
❸ 유채꽃과 잘게 찢은 오이풀을 올려 장식한다.

> 방울양배추는 되도록 알이 작은 것을 사용해 식감을 해치지 않도록 한다.

만드는 법

뇨키

❶ 감자(남작 품종)를 삶아서 껍질을 벗기고 으깬 뒤 고운체에 내린다.
❷ ①에 박력분과 달걀노른자, 간 파르미자노 치즈, 소금을 넣고 고루 섞는다.
❸ ②를 지름 4cm인 공 모양으로 만들어 소금물에 데친다.

마무리

❶ 뇨키에 다시마와 감자로 만든 소스를 입히고 따뜻하게 데워 그릇에 담는다.
❷ 뱀밥을 기름에 튀겨 ①에 붙인다.

> 엄연한 채소 요리지만 가니시로도 활용할 수 있다. 다시마와 감자로 만든 소스는 담백한 생선이나 닭고기에 곁들여도 잘 어울린다.

만드는 법

감자 타르트

❶ 감자(남작 품종)를 삶아서 껍질을 벗기고 고운체에 내린다.
❷ ①에 박력분과 달걀흰자를 넣고 반죽한 뒤 2mm 두께로 민다. 지름이 4cm인 무스틀로 찍어내어 오븐에 굽는다.

마무리

❶ 감자(남작 품종)는 껍질을 벗기고 슬라이스한 뒤 반으로 잘라 반달 모양을 만든다.
❷ 그릇에 감자 타르트를 담고 감자 퓌레(해설 생략)를 올린 뒤 ①의 반달 모양 감자를 꽃잎처럼 예쁘게 모양을 잡아가며 꽂아 올린다.
❸ 꽃잎 모양의 감자 사이사이에 송어 알을 숨겨 넣고 바지락과 캐비아로 만든 소스를 두른 뒤 살라만더에 넣고 살짝 데운다.

> 감자 타르트는 달지 않은 사블레 생지를 상상하며 바삭하게 구워낸다.

(→ 30쪽)

주키니/대합/올리브
대합과 올리브, 레몬 콩피로 만든 소스

가나야마 야스히로/하얏트 리젠시 하코네 리조트 & 스파 'Berce'

만드는 법

주키니와 대합 퓌레

❶ 주키니를 작게 깍둑썰기 한다.
❷ 올리브 오일을 두르고 달군 프라이팬에 잘게 다진 마늘을 볶다가 향이 나면 ①을 넣는다. 주키니의 숨이 죽으면 타임을 넣고 소금을 뿌린다.
❸ ②에 약간의 물을 더하고 부직포 타입의 쿠킹 페이퍼로 동그랗게 뚜껑을 만들어 덮은 뒤 주키니가 완전히 흐물흐물해지기 직전까지 끓인다.
❹ ③을 믹서로 갈아 질감이 거친 퓌레를 만든다.
❺ 뚜껑을 연 상태에서 약간의 물과 함께 대합을 데친 뒤 대합 살을 발라 믹서로 갈고 소금으로 간을 맞춘다.
❻ ④에 ⑤의 달걀노른자를 약간 넣어 섞고 소금으로 간을 맞춘다.

마무리

❶ 주키니 꽃에 주키니와 대합으로 만든 퓌레를 채운다.
❷ 프라이팬에 1cm 깊이로 부용 드 레귐을 부은 뒤 ①을 넣고 180℃의 오븐에서 찐다.
❸ 그릇에 ②를 담고 대합과 올리브, 레몬 콩피로 만든 소스를 두른다.

> 속을 채운 주키니 꽃은 부용 드 레귐에 넣고 익혀 건조해지는 것을 막는다.

(→ 32쪽)

은행
고등어포와 쑥갓으로 만든 소스

아라이 노보루/Hommage

만드는 법

❶ 겉껍질은 벗기고 속껍질은 그대로 둔 은행을 쌀겨기름에 튀긴다. 튀긴 뒤에 속껍질을 마저 벗겨내고 소금을 뿌린 뒤 국화 꽃잎을 올린다.
❷ 그릇에 ①을 담고 고등어포와 쑥갓으로 만든 소스를 부은 뒤 올리브 오일을 떨어뜨린다.

> 감칠맛이 강한 고등어포 소스와 균형을 맞추기 위해 마무리로 떨어뜨리는 올리브 오일은 향이 산뜻한 타입을 고른다.

(→ 34쪽)

구운 미니 양파
트러플 쿨리

아라이 노보루/Hommage

만드는 법

미니 양파 카라멜리제

❶ 미니 양파는 껍질을 벗기고 소금을 뿌린 뒤 알루미늄 포일로 감싸 150℃의 오븐에서 30분간 가열한다.
❷ ①의 양파를 반으로 자른 뒤 버터를 녹인 프라이팬에 단면을 구워 카라멜리제한다.

미니 양파 파르시

❶ 미니 양파는 껍질을 벗기고 소금을 뿌린 뒤 알루미늄 포일로 감싸 150℃의 오븐에서 30분간 가열한다.
❷ 얇게 썬 양파와 잘게 자른 베이컨을 버터를 녹인 프라이팬에 넣고 소테한다. 약불에서 30분간 볶다가 생크림을 넣고 소금과 후추로 간을 맞춘다.
❸ ①의 속을 파내고 ②를 채워 넣는다.

건조 미니 양파

❶ 미니 양파를 얇게 슬라이스한다.
❷ 설탕과 트레할로스, 물을 섞어 시럽을 만들고 ①과 함께 전용 봉지에 넣어 진공 포장한다. 60℃로 설정한 스팀 컨벡션 오븐에서 1시간 동안 가열한다.
❸ ②의 미니 양파를 꺼내서 식품건조기에 넣고 건조시킨다.

마무리

❶ 카라멜리제한 미니 양파를 그릇에 담고 동그랗게 찍어낸 트러플을 곁들인다.
❷ 미니 양파 파르시를 그릇에 담고 그 위에 대나무 숯을 넣어 까맣게 만든 크루통(해설 생략)을 동그랗게 찍어서 건조시킨 미니 양파와 함께 올린다.
❸ 트러플 소스로 그릇에 점을 찍어 장식한다.

> 미니 양파의 당분으로 카라멜리제하기 때문에 단맛이 강한 양파를 사용한다.

(→ 36쪽)

줄기상추/건어물
건조 생선으로 만든 소스

다카다 유스케/La Cime

만드는 법

❶ 줄기상추는 껍질을 벗겨 물에 헹구고 막대 모양으로 자른 뒤 소금을 넣은 물에 데친다.

❷ 그릇에 ①을 우물 정# 자 모양으로 엇갈려 담고 건조 생선으로 만든 소스를 뿌린다.

❸ ②에 콩테 치즈를 갈아 올리고 마저럼을 장식한 뒤 유채 오일을 떨어뜨린다.

> 건조 생선으로 만든 소스는 닭고기나 어린 양고기 요리에도 잘 어울린다. 풍미가 강하기 때문에 서양 고추냉이를 갈아 넣어 뒷맛을 깔끔하게 하는 등 변화를 줄 수 있다.

(→ 38쪽)

순무
순무 잎으로 만든 소스와 허브 오일

메구로 고타로/Abysse

만드는 법

❶ 볼에 프로마주 블랑과 생크림, 사워크림을 넣고 섞는다.

❷ 냄비에 우유를 넣고 끓이다가 끓어오르기 직전 물에 불린 판젤라틴을 넣고 ①에 부은 뒤 섞는다.

❸ 순무는 껍질을 벗겨 부채꼴 모양으로 얇게 썬다.

❹ 그릇에 ①을 담고 원뿔 모양으로 만 ③의 순무를 꽂아가며 돔 형태를 만든다.

❺ 쪄낸 털게의 살을 발라 순무 잎으로 만든 소스에 섞고 소금과 후추, 레몬즙으로 간을 맞춘 뒤 ④의 주위에 나눠 담는다.

❻ ⑤의 주위에 허브 오일을 뿌리고 캐비아를 곁들인다.

> 레몬즙은 완성 직전에 넣어야 소스의 윤곽이 흐릿해지지 않고 전체적인 맛을 정리해준다.

(→ 40쪽)

순무/안초비/아몬드
안초비와 아몬드 튀일

가나야마 야스히로/하얏트 리젠시 하코네 리조트 & 스파 'Berce'

만드는 법

❶ 테이블에 내기 직전에 순무(모모노스케 품종)를 얇게 부채꼴 모양으로 썬다.

❷ 그릇에 ①과 안초비, 아몬드 튀일을 겹쳐 올리고 농도가 짙어질 때까지 졸인 사과 주스를 뿌린 뒤 셀러리 잎을 장식한다.

> 사과 주스의 신맛과 안초비 특유의 감칠맛이 잘 어울린다. 순무를 담백하게, 만족감을 느끼며 먹을 수 있다.

(→ 42쪽)

쌉쌀한 감칠맛
소라 내장과 커피로 만든 소스

다카다 유스케/La Cime

만드는 법

❶ 무는 껍질을 벗겨 적당한 크기로 썰고 소금으로 간을 한 다시마 육수에 넣어서 삶는다. 지름 1cm, 길이 2cm인 원기둥 모양으로 자른다.
❷ ①에 따뜻하게 데운 소라 내장과 커피로 만든 소스를 입힌다.
❸ ②를 그릇에 담고 얇게 썬 무와 붉은 옥살리스를 곁들인다.
❹ 그릇의 위쪽에 커피 가루를 뿌린다.

> 마치 초콜릿처럼 보이는 모양새도 요리의 포인트로 작용한다. 이대로 생선 요리에 가니시로 곁들이거나 수렵육 요리의 소스로 활용해도 좋다.

(→ 44쪽)

타르디보 라디키오/
황금귤/피스타치오
황금귤 퓌레

가나야마 야스히로/하얏트 리젠시 하코네 리조트 & 스파 'Berce'

만드는 법

❶ 타르디보 라디키오를 반으로 잘라 테플론 가공한 프라이팬에 놓고 눌러가며 양면을 굽는다.
❷ ①의 단면을 버너로 그슬린다.
❸ 그릇에 ②를 담고 크넬 모양으로 뜬 황금귤 퓌레를 곁들인 뒤 주위에 올리브 오일을 떨어뜨린다.
❹ 타르디보 라디키오에 숭어 어란을 갈아서 뿌리고 오븐에 구운 피스타치오를 잘게 부셔 흩뿌린다.

> 피스타치오는 요리 완성 직전에 굽고 뜨거울 때 부수어 풍부한 향이 느껴지도록 한다.

(→ 46쪽)

라디키오
부댕 누아르로 만든 소스

다카다 유스케/La Cime

만드는 법

라디키오 소테

❶ 라디키오를 1cm 크기로 썰어서 올리브 오일을 두른 프라이팬에 소테하고 소금으로 간을 맞춘다.
❷ ①에 부댕 누아르로 만든 소스를 넣고 섞는다.

라디키오 튀김

❶ 라디키오를 통째로 올리브 오일에 튀긴다.
❷ ①의 밑부분을 부댕 누아르로 만든 소스에 살짝 담갔다 뺀다.

마무리

그릇에 소테한 라디키오를 깔고 라디키오 튀김을 올린 뒤 소금을 뿌린다.

> 라디키오를 소테와 튀김 등 두 가지 방식으로 조리하여 색다른 매력을 끌어낸다.

(→ 50쪽) (→ 52쪽) (→ 54쪽)

도화새우/오이
오이 파우더와 젤리

랑구스틴/당근
삼색 채소 오일

바닷가재 라케
닭 내장으로 만든 소스와 바닷가재 쥐

나마이 유스케/Ode | 다카다 유스케/La Cime | 아라이 노보루/Hommage

만드는 법
① 도화새우의 껍질을 벗기고 머리와 내장을 제거한다.
② ①에 레몬즙과 라임즙, 생강즙을 바르고 참기름과 소금을 뿌려 10분간 둔다.
③ 그릇에 ②를 담고 오이 젤리를 뿌린 뒤 그 위에 오이 파우더를 뿌린다.

> 도화새우는 선도가 뛰어난 것을 사용한다. 여기서는 홋카이도에서 살아 있는 상태로 배송받은 도화새우를 사용했다.

만드는 법
① 랑구스틴에 소금을 뿌려서 소테한 뒤 껍질을 벗긴다. 머리와 내장을 제거한 뒤 다시 소금을 뿌린다.
② 그릇에 ①을 담고 삼색 채소 오일을 곁들인다.
③ ②에 당근 오일에 버무린 미니 당근과 당근 퓌레*를 곁들인다. 당근 잎과 오이풀을 장식하고 코라이[corail]●와 당근 파우더(해설 생략)를 뿌린다.

*당근 오일을 만들고 체에 남은 당근 찌꺼기를 파코젯 전용 용기에 넣어 냉동한 뒤 파코젯에 간 것.
●새우의 내장이나 가리비의 주황색 생식소를 이르는 말.

> 채소 오일을 채소 퓌레와 같이 사용하면 존재감이 더욱 두드러진다. 또한 채소 오일을 맑은 부용에 떨어뜨려 색감과 향을 더해주는 요소로 활용해도 좋다.

만드는 법

바닷가재 라케
① 바닷가재(프랑스 브르타뉴산)를 데치고 껍데기를 벗긴다.
② ①에 녹인 버터를 바른다.
③ ②에 바닷가재 쥐를 바르고 살라만더에서 살짝 말리는 과정을 여러 번 반복하여 표면을 반들반들하게 만든다.

로메스코 소스
① 달군 프라이팬에 올리브 오일을 두르고 얇게 썬 마늘과 양파를 볶는다.
② ①의 양파가 숨이 죽으면 물에 익힌 파프리카(피키요 고추)와 홀 토마토, 슬라이스한 아몬드를 넣고 푹 끓인다.
③ ②를 믹서로 갈고 소금과 후추로 간을 맞춘 뒤 에스플레트 고춧가루를 넣는다.

마무리
① 그릇에 직사각형 틀을 올리고 그 안에 닭 내장으로 만든 소스를 부은 뒤 틀을 뺀다.
② ①에 바닷가재 라케를 올리고 크넬 모양으로 뜬 로메스코 소스를 곁들인다.
③ 슬라이스한 아몬드와 보리지 잎을 장식한다.

> 갑각류에 닭 내장을 조합하는 고전 요리에서 아이디어를 얻었다. 로메스코 소스를 곁들여서 중남미 스타일로 포인트를 주었다.

(→ 56쪽)

바닷가재 튀김
바닷가재 시베 소스

아라이 노보루/Hommage

만드는 법

바닷가재 튀김

❶ 간 블랙타이거 새우 살과 타라곤, 다시마 육수, 생크림을 푸드 프로세서에 간다. 코냑과 베르무트를 넣고 소금으로 간을 맞춘다.
❷ 미리 데친 바닷가재(프랑스 브르타뉴산)를 1cm 크기로 네모나게 잘라 ①과 섞는다. 랩으로 감싸 모양을 동그랗게 만든 뒤 튀김 반죽(뒤에서 설명)을 묻힌다.
❸ ②를 쌀기름에 튀긴다.

튀김 반죽

❶ 볼에 박력분과 옥수수 전분, 소금, 설탕, 우유를 넣고 서품기로 섞는다.
❷ ①에 녹인 버터와 달걀을 더해 섞는다.

마무리

❶ 바닷가재 튀김에 월계수 가지를 꽂고 그릇에 담는다.
❷ 별도의 그릇에 크넬 모양으로 뜬 당근 퓌레를 담고 바닷가재 시베 소스를 붓는다.

> 당근 퓌레의 단맛이 바닷가재와 바닷가재를 감싸고 있는 튀김옷과 잘 어울린다. 당근 퓌레는 소스에 녹여가며 먹도록 한다.

(→ 58쪽)

바닷가재/카카오/만간지 고추
오징어 먹물과 카카오로 만든 소스

가나야마 야스히로/하얏트 리젠시 하코네 리조트 & 스파 'Berce'

만드는 법

바닷가재

❶ 테플론 가공한 프라이팬에 반으로 자른 바닷가재의 단면이 아래로 향하게 올린 뒤 중불에서 굽는다.
❷ ①의 바닷가재 단면을 뒤집고 불을 약하게 줄인 뒤 남은 열로 바닷가재를 익힌다. 버터를 넣고 녹여서 향을 입힌다.
❸ ②의 바닷가재 껍데기를 벗긴다.

만간지 고추

❶ 만간지 고추를 프라이팬에 굽고 통썰기 한다.
❷ ①을 버너로 그슬려 노릇하게 색을 내고 소금을 뿌린다.

마무리

❶ 그릇에 바닷가재를 담고 라르도 디 콜로나타를 올린 뒤 소금을 뿌린다.
❷ ①의 옆에 오징어 먹물과 카카오로 만든 소스를 두르고 올리브 오일(타지아스카 품종)을 떨어뜨린다.
❸ 만간지 고추를 곁들이고 코라이를 뿌린다.

> 마무리할 때 톡 쏘는 맛이 있는 타지아스카 품종 올리브 오일을 사용하면 요리의 풍미가 확 살아난다.

(→ 60쪽)

반디오징어/초리조/뿌리 달린 파드득나물/죽순
반디오징어와 초리조로 만든 소스

메구로 고타로/Abysse

만드는 법

죽순

❶ 냄비에 물을 붓고 쌀겨와 죽순을 넣어서 30~40분간 데친 뒤 흐르는 물에 헹궈 한 김 식힌다.
❷ ①의 껍질을 벗기고 한입 크기로 썬다.
❸ 달군 프라이팬에 올리브 오일을 두르고 ②를 넣어 소테해 표면에 노릇하게 색을 입힌다.

마무리

그릇에 죽순을 담고 반디오징어와 초리조로 만든 소스를 끼얹은 뒤 붉은 오제이유 잎을 장식한다.

> 소스에 넣고 끓여 살짝 익힌 한니오징어가 주인공인 요리다. 씹는 맛이 좋은 죽순이 식감의 포인트가 되어준다.

(→ 62쪽)　　　　　　　　　(→ 64쪽)　　　　　　　　　(→ 66쪽)

반디오징어/라디키오
반디오징어와 초리조 페이스트

나마이 유스케/Ode

만드는 법

❶ 라디키오를 1cm 크기로 깍둑썰기 하고 올리브 오일로 소테한 뒤 소금으로 간을 맞춘다.

❷ 반디오징어의 눈과 입, 연골을 제거하고 튀김옷(해설 생략)을 입혀 올리브 오일에 튀긴다.

❸ ①과 반디오징어, 초리조 페이스트를 그릇의 세 군데에 담고 ②와 비네그레트 vinaigrette*에 버무린 라디키오를 올린다.

❹ 스모크 파프리카 파우더를 뿌린다.

*식초와 소금, 식용유, 후추를 섞어서 만드는 소스.

> 반디오징어 소스를 곁들여서 반디오징어를 맛보도록 구성한 요리. 아무 조리를 하지 않은 라디키오와 소테한 라디키오가 입가심 역할을 한다.

흰오징어/비비추 잎
스트라차텔라 크림과 바질 오일

메구로 고타로/Abysse

만드는 법

❶ 흰오징어를 손질해서 발라낸 살을 탈수 시트에 싸서 냉장고에 2일간 둔다.

❷ ①에 격자 모양으로 칼집을 넣고 프랑스산 천일염인 플뢰르 드 셀 fleur de sel을 뿌린다.

❸ ②와 통썰기 한 녹색 방울토마토를 그릇에 담고 적당한 크기로 썬 화이트 셀러리와 비비추 잎을 장식한다.

❹ 스트라차텔라 크림을 소스 통에 넣어 ③에 선을 그리듯이 뿌린다.

❺ 적겨자와 알리숨 꽃, 한련화 잎, 붉은 옥살리스 등의 허브를 장식하고 잣을 뿌린다.

❻ 바질 오일을 떨어뜨린다.

> 쫀득한 흰오징어와 비비추 잎의 조합을 생각하며 만든 요리다. 흰색과 초록색으로 전체적인 재료의 색감을 통일했다.

오징어/무
무를 갈아 만든 소스

나마이 유스케/Ode

만드는 법

오징어

❶ 흰오징어를 손질한다. 몸통 표면에 잘게 칼집을 넣은 뒤 박력분을 묻히고 털어낸다.

❷ 테플론 가공한 팬을 달구고 ①의 칼집을 넣은 면을 굽다가 중간에 커민을 넣어 향을 입힌다.

무로 만든 떡

❶ 갈아서 물기를 짠 무에 박력분을 섞고 소금으로 간을 맞춘다.

❷ ①을 기름을 두른 프라이팬에 1cm 두께로 펼쳐 양면을 구운 뒤 1.5cm 크기로 깍둑썰기 한다.

흑미 튀김

❶ 흑미를 걸쭉해질 때까지 쑨다.

❷ ①을 철판에 얇게 펼친 뒤 식품건조기에 넣고 건조시킨다.

❸ 180~190℃로 가열한 기름에 살짝 튀겨 부풀린다.

마무리

❶ 그릇에 무로 만든 떡을 담고 라르도 디 콜로나타를 덮는다. 여기에 기대어 세우듯이 흑미 튀김과 오징어를 담는다.

❷ 타임과 얇게 썬 블랙 래디시를 곁들인다.

❸ 무의 속을 파서 만든 그릇에 무를 갈아 만든 소스를 담고 ②에 곁들여 서빙한 뒤 손님 앞에서 요리에 붓는다.

> 간 무를 듬뿍 올린 미조레 전골에서 아이디어를 얻었다. 무로 만든 떡과 생 무까지 곁들여 '무에서 시작해 무로 끝나는' 요리를 완성했다.

(→ 68쪽)

(→ 70쪽)

(→ 72쪽)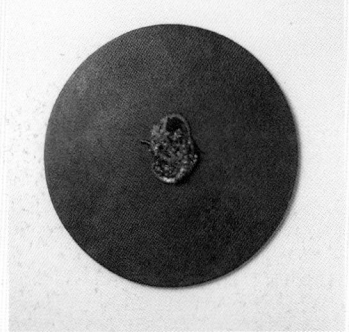

오징어와 견과류
피스타치오 오일

갑오징어/파프리카/루타바가
파프리카 쥐와 루타바가 퓌레

주꾸미/산초나무 순
우롱차로 만든 소스

| 메구로 고타로/Abysse |

| 가나야마 야스히로/하얏트 리젠시 하코네 리조트 & 스파 'Berce' |

| 다카다 유스케/La Cime |

만드는 법

창오징어

❶ 창오징어를 손질한다. 몸통 표면에 격자 모양으로 잘게 칼집을 넣고 올리브 오일을 바른다.
❷ ①의 한쪽 면만 프라이팬에 살짝 구운 뒤 레몬즙을 넣어 데글라세한다.

오크라 꽃 샐러드

❶ 팽이버섯(자연산)을 버터로 소테한다.
❷ 볼에 적당한 크기로 자른 오크라 꽃봉오리와 잘게 다진 에샬롯을 넣고 비네그레트(해설 생략)로 버무린다.
❸ ②에 ①을 넣고 섞는다.

마무리

❶ 오크라 꽃 샐러드를 만들어둔 볼에 창오징어를 넣고 버무린다.
❷ 색감을 신경 써서 그릇에 ①을 담고 피스타치오 오일을 두른다. 피스타치오를 갈아서 만든 파우더를 뿌리고 야생 루꼴라 꽃과 회향 꽃을 장식한다.

> 지방질이 풍부한 견과류는 쫀득한 오징어와 잘 어울리는데 그중에서도 피스타치오나 헤이즐넛은 만능으로 쓰인다.

만드는 법

❶ 손질한 갑오징어를 잘게 깍둑썰기 한다.
❷ ①을 레몬타임과 소금, 올리브 오일에 버무린다.
❸ 그릇에 ②를 담고 루타바가 퓌레를 곁들인 뒤 파프리카 쥐를 붓는다.
❹ 루타바가 퓌레에 올리브 오일(타자스카 품종)을 떨어뜨리고 타라곤 새싹을 장식한다.

> 동물성 육수를 사용하지 않고 전체적으로 부드러운 맛을 완성했다. 루타바가 퓌레에 넣은 버터의 깊은 맛이 오징어의 단맛과 잘 어우러진다.

만드는 법

❶ 주꾸미 다리를 소금으로 비비고 물로 씻은 뒤 소금물에 데친다.
❷ 우롱차로 만든 소스에 ①을 넣고 데운다.
❸ ②를 그릇에 담고 산초나무 순을 장식한다.

> 문어와 산초를 넣어 만든 츠쿠다니佃煮*를 먹다가 아이디어를 얻은 요리로, 당시 우롱차를 마시고 있었기에 이런 조합이 탄생했다.

*다양한 식재료에 간장, 설탕 등의 양념을 넣고 달콤 짭짤하게 조린 요리.

(→ 74쪽)　　　　　　　　　(→ 76쪽)　　　　　　　　　(→ 78쪽)

대합/유채나물
대합과 유채나물 소스, 여주 거품

대합/고추냉이 잎
대합과 고추냉이 잎 수프, 고추냉이 잎 오일

홍합/꽈리
꽈리 소스와 바질 오일

나마이 유스케/Ode   메구로 고타로/Abysse   메구로 고타로/Abysse

만드는 법

대합
① 냄비에 술과 물을 부어 끓인 뒤 대합을 넣고 입이 벌어질 때까지 익힌다.
② ①의 대합 알맹이를 꺼내 손질한다.

뇨키
① 삶아서 껍질을 벗긴 감자(남작 품종)를 고운체에 내린다.
② ①에 박력분과 달걀흰자, 소금을 넣고 섞는다. 유채기름을 더해 글루텐이 형성되면서 전체적으로 덩어리질 때까지 고루 반죽한다.
③ ②를 지름 1.5cm, 높이 4cm인 원기둥 모양으로 만든 뒤 냉동고에 넣고 차갑게 굳힌다.
④ 제공하기 직전에 ③을 소금물에 데친 뒤 대합과 유채나물 소스에 넣고 따뜻하게 데운다.

마무리
① 그릇에 대합과 뇨키를 담는다.
② 뇨키에 대합과 유채나물 소스를 끼얹고 함초를 장식한다.
③ 대합에 여주 거품을 올린다.

뇨키나 소스를 만들 때 유채기름을 사용해 유채나물의 풍미와 미세한 쓴맛이 요리 전체에서 감돌게 한다.

만드는 법

대합
① 대합을 흐르는 물에 씻은 뒤 물과 함께 냄비에 넣고 뚜껑을 덮어 강불에 올린다.
② 대합 입이 벌어지면 불을 끄고 알맹이를 발라낸 뒤 키친타월을 깐 그릇에 담아 물기를 뺀다.

마무리
① 그릇에 대합을 담고 대합과 고추냉이 잎 수프를 붓는다.
② 고추냉이 잎 오일을 떨어뜨리고 알리숨 꽃을 장식한다.

일본 코스 요리의 전채가 연상되는 따뜻한 수프다. 주문 즉시 조리하여 가장 맛있는 상태로 제공되는 대합의 참맛을 맛볼 수 있다.

만드는 법

홍합
① 냄비에 약간의 물을 끓이다가 홍합을 넣고 입이 벌어질 때까지 가열한다.
② ①에서 홍합 살을 분리한다.

꽈리
꽈리 열매를 4등분한 뒤 올리브 오일을 두르고 달군 프라이팬에 넣고 소테한다.

땅콩
땅콩을 껍질째 10분간 삶은 뒤 속껍질을 벗기고 반으로 쪼갠다.

마무리
① 그릇에 홍합과 꽈리를 담고 따뜻하게 데운 꽈리 소스를 부은 뒤 바질 오일을 떨어뜨린다.
② ①에 땅콩과 해바라기 새싹을 장식한다.

메구로 고타로 셰프는 풍부한 육즙이 홍합의 매력이라며, 수프 형식은 이런 홍합의 매력을 느끼기에 가장 적절한 스타일이라고 말한다.

(→ 80쪽)　　　　　　　　　　(→ 82쪽)　　　　　　　　　　(→ 84쪽)

감칠맛
말린 주키니와 사탕수수 식초로 만든 소스

향과 맛
회향 풍미를 더한 부용

칠흑
칠레 안초로 만든 소스

다카다 유스케/La Cime

메구로 고타로/Abysse

다카다 유스케/La Cime

만드는 법

❶ 피조개 껍데기에서 알맹이를 분리해 깨끗하게 씻는다.
❷ 피조개 껍데기에 알맹이를 다시 담고 말린 주키니와 사탕수수 식초로 만든 소스를 뿌린다.
❸ ②에 잘게 깍둑썰기 한 주키니와 생강을 넣고 살라만더에서 가볍게 데운다.
❹ ③에 로즈마리 오일을 떨어뜨린 뒤 바닥에 암연을 깐 그릇에 담는다.

이 요리의 테마인 말린 채소의 감칠맛과 흑설탕의 감칠맛, 그리고 풍미 가득한 사탕수수 식초의 감칠맛이 직접적으로 느껴지도록 요리를 따뜻한 상태로 제공한다.

만드는 법

❶ 굴 껍데기에서 알맹이를 분리해 물로 씻는다.
❷ 냄비에 물을 붓고 80℃까지 가열한 뒤 ①을 포셰한다.
❸ 포셰한 굴의 물기를 닦아 그릇에 담는다.
❹ ③에 따뜻하게 데운 회향 풍미를 더한 부용을 붓는다.
❺ 슬라이스해서 소금과 올리브 오일로 간한 회향과 회향 꽃, 브론즈 회향을 올리고 유자 껍질을 갈아서 뿌린다.

닭고기 육수와 굴의 감칠맛이 어우러진 수프는 강력한 맛을 자아낸다. 감귤류 껍질로 산뜻한 향을 더해 균형감 있게 완성한다.

만드는 법

❶ 훈제한 굴(해설 생략)에 칠레 안초로 만든 소스를 입힌다.
❷ ①을 검은 그릇에 담고 별도의 조그만 검은색 돌 위에 튀긴 은행 한 알을 올려 곁들인다.

칠레 안초로 만든 소스는 원래 미꾸라지 요리에 곁들이려고 생각해낸 것이다. 미꾸라지 요리에 곁들일 때는 맛이 가벼운 부용 드 레쥠 대신 닭고기 부용을 사용해 더욱 확실한 맛을 낸다.

(→ 86쪽)

(→ 88쪽)

(→ 90쪽)

라디키오와 굴 리소토
몰레 소스

굴과 콜리플라워
굴과 콜리플라워로 만든 소스

가리비/순무/숭어 어란
프로마주 블랑과 술지게미로 만든 소스, 유자 퓌레

| 아라이 노보루/Hommage |

| 나마이 유스케/Ode |

| 다카다 유스케/La Cime |

만드는 법

굴 손질

❶ 굴은 알맹이를 발라내고 껍데기에 남은 육즙을 모아둔다.
❷ 다시마 육수와 ①의 굴 육즙 일부를 냄비에 넣고 끓인다.
❸ 굴을 ②에 넣고 살짝 데친다.

라디키오와 굴 리소토

❶ 라디키오를 적당한 크기로 썰고 레드 와인에 끓인다.
❷ 냄비에 닭고기 육수와 굴 육즙을 넣고 팔팔 끓인 뒤 쌀을 넣고 가열하여 리소토를 만든다.
❸ 리소토가 70% 익은 시점에 ①을 넣고 소금으로 간을 맞춘다. 손질해둔 굴은 완성 직전에 넣는다.

마무리

❶ 그릇에 원형 무스틀을 놓고 프랑부아즈 파우더를 뿌린 뒤 틀을 뺀다.
❷ ①의 프랑부아즈 파우더가 뿌려진 원과 일부 겹쳐지게 원형 무스틀을 놓고 라디키오와 굴 리소토를 담은 뒤 틀을 뺀다.
❸ 옆에 몰레 소스를 떨어뜨린다.

몰레 소스에 녹아있는 초콜릿의 감칠맛이 라디키오의 쌉쌀한 맛과 미네랄이 풍부한 굴 맛을 부드럽게 해준다.

만드는 법

굴

❶ 굴은 알맹이를 발라내고 58℃의 물에 포셰한다.
❷ ①에 박력분을 묻혀서 털어낸 뒤 버터를 녹인 프라이팬에 굽는다.

돼지 귀

❶ 미리 데친 돼지 귀를 1cm 크기로 깍둑썰기 한 뒤 안초비와 케이퍼, 케이퍼 국물과 함께 소테한다.
❷ ①에 셰리 식초와 돼지고기 쥐(해설 생략)를 넣고 데글라세한 뒤 소금으로 간을 맞춘다.

케일 튀김과 파우더

❶ 케일을 식품건조기에 넣고 말린다.
❷ 튀김옷을 입히지 않고 ①을 튀긴다.
❸ ①을 미니 분쇄기에 갈아서 케일 파우더를 만든다.

마무리

❶ 그릇에 굴을 담고 돼지 귀를 올린 뒤 굴과 콜리플라워로 만든 소스를 듬뿍 끼얹는다.
❷ ①에 케일 튀김을 덮고 그릇 전체에 케일 파우더를 뿌린다.

돼지 귀 조림을 굴과 콜리플라워로 만든 소스에 섞으면 그 자체가 소스 같은 역할을 한다. 새콤달콤한 맛이 강조되도록 간을 맞추는 것이 포인트다.

만드는 법

❶ 가리비를 1cm 크기로 썰고 버너로 살짝 그슬린다.
❷ 순무를 1cm 크기로 깍둑썰기 하고 소금을 약간 뿌린 뒤 프로마주 블랑과 술지게미로 만든 소스에 버무린다.
❸ 그릇에 유자 퓌레를 붓고 ①과 ②를 담은 뒤 잘게 깍둑썰기 한 숭어 어란을 뿌린다. 마지막으로 올리브 오일을 몇 방울 떨어뜨린다.

새콤한 맛과 감칠맛의 조화를 주제로 삼은 요리다. 숭어 어란의 짠맛이 강하기 때문에 유자 퓌레를 넉넉하게 넣어야 균형이 맞는다.

(→ 92쪽)　　　　　　　　　(→ 94쪽)　　　　　　　　　(→ 98쪽)

아스파라나/겨울 시금치/관자
닭고기와 관자 비스크

성게알/파프리카
파프리카 퓌레와 성게알 마요네즈

참돔
도미와 유채나물 수프

아라이 노보루/Hommage　　　나마이 유스케/Ode　　　메구로 고타로/Abysse

만드는 법
❶ 말린 관자를 물에 하루 동안 불려서 찢는다.
❷ 프라이팬에 뵈르 누아제트를 넣고 적당한 크기로 썬 겨울 시금치 줄기와 아스파라나를 볶는다. ①과 흑식초를 더해 다시 볶는다.
❸ 끓는 물에 소금을 넣고 데친 겨울 시금치 잎을 넓게 펼친 뒤 ②를 올리고 둥글게 싸서 제공하기 전에 따뜻하게 찐다.
❹ 그릇에 ③을 담고 닭고기와 관자 비스크를 부은 뒤 아스파라나 꽃을 장식한다.

> 겨울 시금치로 싼 말린 관자와 아스파라나는 비스크의 양념이라고 볼 수 있다. 닭고기와 관자의 풍미가 밴 비스크를 충분히 즐길 수 있도록 구성했다.

만드는 법
돼지 껍질 튀김
❶ 돼지 껍질을 깨끗이 씻은 뒤 전용 봉지에 넣고 진공 포장한 상태에서 24시간 동안 찐다.
❷ ①에서 돼지 껍질이 기름과 콜라겐으로 분리되는데 기름은 버리고 콜라겐만 남긴다.
❸ ②를 얇고 평평하게 만들어서 식품건조기에 넣고 건조시킨다.
❹ ③을 기름에 튀긴다.

마무리
❶ 파프리카 퓌레와 성게알 마요네즈를 각각 소스 통에 담고 그릇의 가운데 부분에 선을 그리듯이 뿌린다.
❷ ①의 위에 성게알과 적양파 피클을 담고 비올라 꽃과 붉은 오제이유 잎을 장식한다.
❸ 돼지 껍질 튀김으로 ②를 덮고 그 위에 스모크 파프리카 파우더를 뿌린다.

> 파프리카 퓌레와 성게알 마요네즈의 조합을 그대로 추로스 소스에 활용하기도 한다.

만드는 법
❶ 참돔을 3장 뜨기 한 뒤 1인분 분량으로 자르고 소금을 뿌린다.
❷ 온도 70°C와 습도 100%로 설정한 스팀 컨벡션 오븐에 ①을 넣고 7~8분간 찐다.
❸ ②를 그릇에 담은 뒤, 오일에 절인 허브와 레몬즙을 더해 따뜻하게 데운 도미와 유채나물 수프를 붓는다.
❹ 케일 파우더를 뿌리고 붉은 옥살리스와 톱풀, 적겨자, 유채꽃을 장식한다.

> 참돔 껍질 밑에 있는 젤라틴의 질감을 즐길 수 있는 요리다. 유채나물을 케일로 대체하고 수프에 블랙 트러플을 넣어서 좀 더 풍부한 맛을 내기도 한다.

(→ 100쪽)　　　　　　　　　　(→ 102쪽)　　　　　　　　　　(→ 104쪽)

따뜻한 뱅어 샐러드
블랙 올리브와 레몬 콩피, 드라이 토마토, 안초비로 만든 소스

메구로 고타로/Abysse

만드는 법

❶ 사보이 양배추를 잘게 썰고 버터로 소테하면서 소금으로 간을 맞춘다.
❷ 미리 데운 그릇에 블랙 올리브 소스로 버무린 뱅어를 동그랗게 올린다.
❸ 잘게 썬 레몬 콩피와 드라이 토마토, 안초비를 올리고 오이풀을 장식한 뒤 전체적으로 덮이도록 ①을 올린다.

> 메구로 고타로 셰프는 선도가 쉽게 떨어지는 뱅어라 더욱 다뤄보고 싶었다고 한다. 머위 꽃줄기로 만든 콩소메를 끼얹어 수프처럼 내기도 한다.

뱅어/토마토와 비트
토마토와 비트 콩소메, 토마토와 비트 퓌레

나마이 유스케/Ode

만드는 법

비비추 잎
비비추 잎의 흰색 부분을 채 썰고 물에 헹군다.

매실장아찌 퓌레
❶ 일본식 매실장아찌의 씨를 빼고 과육을 고운 체에 내린다.
❷ ①에 머스터드와 커민 파우더, 올리브 오일, 꿀을 넣고 고루 섞는다.

마무리
❶ 뱅어를 자색 고구마 식초에 살짝 버무려서 그릇에 담고 토마토와 비트 퓌레, 매실장아찌 퓌레를 점점이 떨어뜨린다.
❷ ①에 채 썬 비비추 잎을 덮듯이 올리고 차조기 꽃을 장식한다.
❸ 토마토와 비트 콩소메는 따뜻하게 데워 별도의 그릇에 담아 서빙한 뒤 ②에 끼얹는다.

> 뱅어는 차갑게, 수프는 따뜻하게 제공한다. 수프의 열기로 살짝 익은 뱅어를 다양한 질감의 쥐 또는 퓌레와 함께 맛보도록 구성했다.

송어/화이트 아스파라거스
화이트 아스파라거스로 만든 바바루아

나마이 유스케/Ode

만드는 법

송어 마리네

❶ 송어를 3장 뜨기 한 뒤 생선살에 백설탕을 입혀 20~30분간 둔다.
❷ ①의 송어에서 수분이 배어나오면 송어 무게의 1.2~1.4% 되는 소금을 빈틈없이 묻힌다. 그대로 2시간 동안 두었다가 물에 씻고 껍질을 벗긴다.
❸ ②를 아몬드 오일과 함께 전용 봉지에 넣어 진공 포장한 뒤 38°C의 물에 담가 25~30분간 가열한다.
❹ ③을 냉동해두었다가 사용하기 전에 꺼내서 자연해동 한다.

마무리

❶ 송어 마리네를 적당한 크기로 잘라서 그릇에 담고 크넬 모양으로 뜬 캐비아를 곁들인다.
❷ 화이트 아스파라거스로 만든 바바루아를 휘핑기에 담아 ①의 주위에 몇 개 짠다.
❸ 보리지 꽃을 장식한다.

> 마리네한 송어는 아니사키스 기생충에 의한 식중독을 예방하기 위해 냉동한다.

(→ 106쪽)　　　　　　　　　(→ 108쪽)　　　　　　　　　(→ 110쪽)

송어/쑥갓/비파
쑥갓 퓌레와 비파 콩포트

훈제 송어
뵈르 바투 퓌메

병어/푸아로/금귤
화이트 포트 와인으로 만든 소스

가나야마 야스히로/하얏트 리젠시 하코네 리조트 & 스파 'Berce'

메구로 고타로/Abysse

가나야마 야스히로/하얏트 리젠시 하코네 리조트 & 스파 'Berce'

만드는 법

송어 순간 훈제

❶ 송어를 3장 뜨기 한 뒤 소금과 약간의 설탕을 묻혀 냉동한다.

❷ ①을 자연해동 해서 껍질을 벗긴 뒤 1㎝ 두께로 저민다.

❸ 테이블에 내기 직전, 훈제용 벚나무 칩을 사용해서 몇 분간 짧게 온훈법으로 훈제한다.

미니 순무

미니 순무가 노릇해질 때까지 프라이팬에 굽는다.

마무리

❶ 그릇에 짧은 시간 훈제한 송어를 담고 쑥갓 퓌레와 비파 콩포트를 곁들인다.

❷ 미니 순무와 적양파 피클(해설 생략)을 곁들이고 마저럼을 장식한 뒤 올리브 오일(타자스카 품종)을 뿌린다.

> 소스와 가니시의 경계가 허물어진 요리. 비파와 잎이 달린 미니 순무, 적양파 피클이라는 다양한 식감의 가니시와 메인 재료인 송어를 쑥갓 퓌레가 연결해준다.

만드는 법

송어 마리네

❶ 송어를 3장 뜨기 한 뒤 암염과 그래뉴당, 코리앤더, 스타아니스, 월계수, 트레할로스를 입힌다. 냉장고에 반나절에서 하루 동안 넣어두고 마리네 한다.

❷ ①을 물에 씻고 물기를 닦는다. 전용 봉지에 넣어서 진공 포장한 뒤 냉동한다.

❸ ②를 자연해동 한 뒤 슬라이스한다.

송어 알젓

❶ 40~50℃로 데운 소금물 2ℓ에 소금 15g을 녹인 뒤 송어 알젓을 넣고 분해한다.

❷ 가다랑어 육수에 술과 맛술, 간장, 소금을 넣고 팔팔 끓여 식힌다. ①을 넣고 하룻밤 동안 담가둔다.

사방죽

사방죽을 물에 삶아 적당한 크기로 자른다.

마무리

❶ 그릇에 송어 마리네를 담고 송어 알젓을 듬뿍 올린 뒤 뵈르 바투 퓌메를 붓는다.

❷ 사방죽과 싹눈파를 장식하고 차이브 오일을 떨어뜨린다.

> 가니시로 올린 사방죽은 소형 죽순의 일종으로 씹는 맛이 부드럽다. 일반적인 죽순과 달리 가을철(10~11월)에 수확한다.

만드는 법

병어

❶ 병어를 3장 뜨기 한 뒤 살은 살짝 크직하게 저민다.

❷ ①에 소금을 뿌리고 테플론 가공한 프라이팬에 껍질 면이 아래로 향하게 올린다. 중간중간 눌러가며 껍질은 고소하고 살은 부드럽게 익도록 굽는다.

❸ ②가 다 구워지면 1인분 크기로 자른다.

푸아로

푸아로를 1.5㎝ 크기로 깍둑썰기 한 뒤 강불에 달군 프라이팬에 넣고 식감이 살아 있을 만큼 소테한 뒤 소금으로 간을 맞춘다.

마무리

❶ 병어의 자른 단면이 위로 향하게 그릇에 올린다.

❷ ①의 옆에 푸아로를 곁들이고 잘게 썬 금귤 껍질과 보리지 꽃, 한련화 잎을 장식한 뒤 말린 케이퍼를 갈아서 뿌린다.

❸ 화이트 포트 와인으로 만든 소스를 곁들인다.

> 가나야마 야스히로 셰프는 경우에 따라서 맛이 너무 뛰어난 소스는 요리의 균형을 해친다고 강조한다. 이 요리 역시 육질이 뛰어나고 물이 오른 병어 본연의 맛이 가려지지 않도록 아주 심플한 소스를 곁들였다.

(→ 112쪽)

병어 구이
사프란 풍미를 더한 병어 쥐

| 아라이 노보루/Hommage |

만드는 법

병어
❶ 병어를 3장 뜨기 한 뒤 가시를 발라내고 살을 평평하게 저며 유안지*에 15분간 재운다.
❷ ①에서 재운 병어의 물기를 닦은 뒤 껍질이 위로 향하게 놓고 살라만데에서 굽는다. 중간에 뒤집어가며 폭신하게 익히고 다 구워지면 껍질을 벗긴다.
❸ ②에 딜 오일**을 바른다.
*간장, 술, 다시마 물을 1:1:1의 비율로 섞은 것.
**잘게 다진 딜을 쌀기름에 담근 것.

가니시
❶ 채 썬 감자를 동그랗게 뭉쳐서 기름에 튀긴 뒤 부순 자색 감자칩(해설 생략)을 묻힌다.
❷ 삶은 잠두콩을 잘게 다진 에샬롯과 섞고 비네그레트(해설 생략)로 버무린다.

마무리
❶ 그릇에 잠두콩을 가니시로 깔고 병어를 올린다.
❷ 병어에 튀긴 감자를 올리고 동그랗게 찍어낸 콩테 치즈와 톱풀을 장식한다.
❸ ②의 옆에 사프란 풍미를 더한 병어 쥐를 곁들인다.

> 맛이 풍부한 병어에 병어 쥐를 조합하는 정통 방식으로 만들어낸 요리다. 콩테 치즈나 잠두콩, 감자처럼 깊은 맛이 느껴지는 가니시를 곁들여 풍성한 느낌을 준다.

(→ 114쪽)

쌉쌀한 맛
카카오 풍미를 더한 레드 와인 소스

| 메구로 고타로/Abysse |

만드는 법

붕장어
❶ 붕장어를 60~70℃의 뜨거운 물에 익힌 뒤 칼로 점액질을 긁어낸다. 머리를 자르고 내장을 꺼낸 뒤, 3장 뜨기 한다.
❷ 굽기 직전 ①에 소금을 뿌린다. 올리브 오일을 뿌리며 그릴대에서 굽는다.

셀러리악
❶ 셀러리악의 껍질을 벗긴 뒤 2mm 두께로 썬다.
❷ 올리브 오일을 두르고 달군 프라이팬에 ①을 넣고 노릇해질 때까지 소테한다.

카카오 튀일
❶ 코코아 파우더와 물엿, 그래뉴당을 고루 섞는다.
❷ 오븐용 시트를 깐 팬에 ①을 붓고 얇게 편 뒤 150℃의 오븐에서 5분간 굽는다.

마무리
❶ 그릇에 붕장어를 담고 카카오 풍미를 더한 레드 와인 소스를 뿌린다.
❷ ①에 셀러리악을 올리고 카카오 튀일을 덮는다.

> 전통 생선 요리인 '붕장어와 레드 와인 찜(마틀로트)'을 베이스로 삼고 있지만 '구운 생선의 고소한 맛'을 낼 방법을 모색하다가 구운 붕장어와 레드 와인 소스를 분리한 요리를 만들었다.

(→ 116쪽)

돼지감자 플랑/훈제 뱀장어
발효시킨 돼지감자와 트러플로 만든 소스

| 아라이 노보루/Hommage |

만드는 법

돼지감자 플랑
❶ 돼지감자 껍질을 물에 끓여 우린 뒤 체에 거른다.
❷ ①에 달걀물과 소금을 넣고 테이블에 낼 그릇에 부은 뒤 90℃로 가열한 찜기에 넣고 10분간 찐다.

마무리
❶ 훈제 뱀장어를 프라이팬에 노릇하게 구워 한 입 크기로 자른다.
❷ 돼지감자 플랑을 만든 그릇에 발효시킨 돼지감자와 트러플로 만든 소스를 붓는다. ①을 올리고 아스파라나 꽃을 장식한다.

> 훈제 뱀장어는 하룻밤 동안 말린 뱀장어를 훈제용 벚꽃 칩을 사용하여 냉훈법으로 만들었다. 뱀장어의 지방질이 발효시킨 돼지감자의 산미와 잘 어울린다.

(→ 118쪽)　　　　　　　　　(→ 120쪽)　　　　　　　　　(→ 122쪽)

쌉쌀한 향
구운 가지로 만든 아이스 파우더와
에스프레소 오일

메구로 고타로/Abysse

만드는 법

가다랑어
가다랑어의 뼈와 잔가시를 발라내고 조리에 적합하도록 살덩어리를 나눈 뒤 껍질을 벗긴다. 껍질이 있던 면만 석쇠에 구워 1cm 두께로 자른다.

오렌지 파우더
오렌지 껍질을 끓는 물에 데쳤다가 물을 버리고 다시 데치기를 3번 반복한 다음 식품건조기에 넣고 건조시킨 뒤 미니 분쇄기로 간다.

마무리
❶ 그릇에 가다랑어를 담고 프랑스산 천일염인 플뢰르 드 셀을 뿌린다. 에스프레소 오일을 떨어뜨린 뒤 구운 가지로 만든 아이스 파우더를 듬뿍 올린다.
❷ 오렌지 파우더와 붉은 옥살리스를 장식한다.

> 가다랑어 다타키는 표면을 그슬린 뒤 얼음물에 담가 살에 탄력을 주는 방법도 있지만 맛이 싱거워질 우려가 있다. 메구로 고타로 셰프는 이 점에 착안하여 가다랑어를 그릇에 담고 난 뒤에 아이스 파우더를 올리는 방식으로 다타키의 온도와 식감을 재현했다.

고등어와 숙성 소고기 기름
고등어와 유청으로 만든 소스

다카다 유스케/La Cime

만드는 법

❶ 고등어를 3장 뜨기 한 뒤 소금을 뿌린다. 프라이팬에 올려 껍질 면부터 굽다가 60% 정도 익으면 고등어를 꺼낸다.
❷ ①을 1cm 두께로 잘라 직화로 그슬리며 구워 노릇한 색을 낸 뒤 껍질을 벗긴다.
❸ 그릇에 ②를 3조각 담고 껍질째 얇게 썬 그래니 스미스 사과를 곁들인다.
❹ ③의 고등어에 고등어와 유청으로 만든 소스를 끼얹는다.

> 숙성 소고기 기름의 풍미가 포인트인 소스에 맞추어 고등어를 직화로 그슬려서 고소한 맛과 향을 내는 동시에 기름기를 제거하여 사용한다.

금눈돔
그린피스와 팽이버섯, 벚꽃새우로 만든 소스

메구로 고타로/Abysse

만드는 법

금눈돔
❶ 시즈오카현산 금눈돔을 3장 뜨기 한 뒤 소금을 뿌린다. 반나절 동안 냉장고에 두었다가 물기를 뺀다.
❷ 쌀겨기름을 두르고 달군 프라이팬에 ①을 올려 껍질 면을 노릇하게 굽는다.
❸ ②를 300℃의 오븐에 넣고 2분 30초간 가열한다.

마무리
❶ 금눈돔을 1인분 분량으로 자른 뒤 단면에 소금을 뿌린다.
❷ ①의 단면이 위로 향하게 그릇에 담고 그린피스와 팽이버섯, 벚꽃새우로 만든 소스를 곁들인다.
❸ 살갈퀴를 곁들인다.

> 금눈돔이 새우 향이 난다는 점에서 연결고리를 찾아 소스에 벚꽃새우를 사용했다.

199

(→ 124쪽)　　　　　　　　　(→ 126쪽)　　　　　　　　　(→ 128쪽)

단밤
밤 퓌레

메구로 고타로/Abysse

만드는 법

옥돔

❶ 옥돔을 3장 뜨기 한 뒤 1인분 분량으로 자르고 소금을 뿌린다. 구웠을 때 비늘이 잘 서도록 껍질을 물에 적시고 비늘 사이에 올리브 오일을 골고루 바른다.

❷ 올리브 오일을 두르고 달군 프라이팬에 비늘을 아래로 눕혀서 ①을 올린다. 비늘이 서면 300℃의 오븐으로 옮겨 전체적으로 폭신하게 익힌다.

자연 재배한 표고버섯

자연 재배한 표고버섯을 어슷하게 썬 뒤 올리브 오일로 소테하며 소금으로 간을 맞춘다.

마무리

❶ 옥돔을 비늘이 아래로 향하게 해서 그릇에 담고 그 위에 자연 재배한 표고버섯을 가지런히 올린다.

❷ ①의 위에 몽블랑을 만드는 방법처럼 짤주머니에 담은 밤 퓌레를 짠다.

❸ ②에 일본산 버섯 파우더*를 뿌려서 장식한다.

*20가지 정도 되는 일본산 버섯을 건조시켜 분말로 만든 것.

> 머랭 등 씹는 맛이 있는 요소들로 기본 토대를 만드는 몽블랑에서 아이디어를 얻어 바삭바삭한 옥돔 비늘이 가장 밑에 오도록 플레이팅했다.

솔방울처럼 구운 옥돔
이리 수프와 황금 순무 퓌레

아라이 노보루/Hommage

만드는 법

솔방울처럼 구운 옥돔

❶ 옥돔을 3장 뜨기 한 뒤 소금을 뿌리고 비늘을 세워둔다.

❷ ①의 물기를 닦고 옥돔 살을 토막 낸다.

❸ 프라이팬에 쌀겨기름을 1cm 깊이로 붓고 가열한 뒤 비늘이 아래로 향하도록 ②의 옥돔을 넣는다. 비늘이 예쁘게 서도록 정성껏 굽는다.

❹ 다 구워지기 전에 기름을 버리고 옥돔을 뒤집어서 살 부분을 단시간에 굽는다.

마무리

❶ 황금 순무 퓌레에 잘게 다진 트러플을 넣고 섞는다.

❷ 그릇에 올리브 오일을 깔고 ①을 올린 뒤 이리 수프를 붓고 솔방울처럼 구운 옥돔을 담는다.

❸ ②에 레몬 제스트를 뿌린다.

> 하얀 소스에 황금색 옥돔을 올린 플레이팅이 인상적이다. 황금 순무 퓌레를 베이스로 깔기 때문에 너무 부드럽게 만들지 않도록 한다.

무늬바리/표고버섯
말린 표고버섯과 태운 버터로 만든 소스

나마이 유스케/Ode

만드는 법

무늬바리

❶ 무늬바리를 3장 뜨기 한 뒤 가시를 발라내고 평평하게 저민다.

❷ ①에 소금을 뿌리고 올리브 오일을 두른 프라이팬에 올려 껍질 면부터 푸알레한다.

❸ ②를 먹기 좋은 크기로 자른다.

표고버섯 뒥셀

❶ 표고버섯을 잘게 썰어서 버터와 라드를 녹인 프라이팬에 넣고 볶다가 소금으로 간을 맞춘다.

❷ 데친 시금치로 ①을 감싸 막대 모양으로 만든다.

가리비 칩

❶ 냉동한 가리비를 아주 얇게 슬라이스한다.

❷ ①에 참기름을 바르고 소금을 뿌린 뒤 식품건조기에 넣고 말린다.

마무리

❶ 그릇의 중앙에 말린 표고버섯과 태운 버터로 만든 소스를 올린다.

❷ ①의 주위에 무늬바리를 담고 표고버섯 뒥셀과 데쳐서 반으로 자른 죽순을 곁들인다.

❸ 표고버섯 옆에 디종 머스터드와 시금치 퓌레(해설 생략)를 섞은 소스를 약간 곁들인다.

❹ ②에 가리비 칩을 올리고 한련화 잎을 장식한다.

> 다양한 형태로 조리한 표고버섯을 조합하여 감칠맛과 풍미 넘치는 요리를 완성했다. 가리비로 표고버섯과는 다른 감칠맛을 더하여 깊이 있고 풍성한 느낌을 준다.

(→ 130쪽)	(→ 132쪽)	(→ 134쪽)
		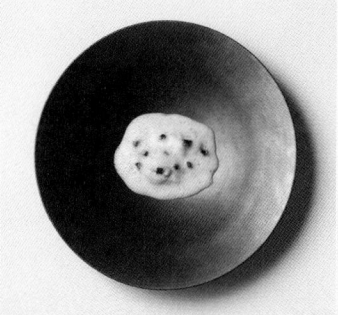
홍바리/바지락/콩 건조식품으로 만든 소스	**광어/머위 꽃줄기** 머위 꽃줄기와 로크포르 치즈로 만든 페이스트	**이리 리소토** 수제 발효 버터
다카다 유스케/La Cime	메구로 고타로/Abysse	나마이 유스케/Ode

다카다 유스케 / La Cime

만드는 법

1. 홍바리를 손질해서 볼살을 분리한다. 볼살에 소금을 뿌려 잠시 둔 뒤 다시마 육수에 포셰한다.
2. 냄비에 약간의 물과 술을 넣고 팔팔 끓이다가 해감한 바지락을 넣고 입이 벌어지기를 기다린다. 바지락이 벌어지면 외투막(알맹이의 가장자리에 돌출된 부분)을 잘라낸다.
3. 그릇에 ①을 담고 건조식품으로 만든 소스를 끼얹었다. ②의 외투막과 삶은 콩을 장식한다.

> 삶은 콩은 소스를 만들 때 끓인 콩을 믹서로 갈기 전에 따로 담아둔 것이다. 걸쭉한 소스 속에서 콩과 바지락의 식감이 포인트가 된다.

메구로 고타로 / Abysse

만드는 법

1. 광어를 3장 뜨기 한 뒤 소금을 뿌리고 냉장고에 2시간 동안 넣어둔다.
2. ①의 껍질을 벗기고 1인분 분량으로 자른다.
3. 테플론 가공한 프라이팬에 버터를 가열하고 ②를 껍질 면이 아래로 향하게 올린 뒤 약불에서 천천히 굽는다. 다 구워지기 직전에 광어를 한 번 뒤집는다.
4. 그릇에 ③을 담고 머위 꽃줄기와 로크포르 치즈로 만든 페이스트를 크넬 모양으로 떠서 옆에 곁들인다.

> 광어는 확실하게 구워서 껍질 쪽 젤라틴의 고소한 맛을 살린다. 의도적으로 가니시를 제한하여 양념 같은 소스의 존재감이 돋보이도록 한다.

나마이 유스케 / Ode

만드는 법

이리 리소토

1. 냄비에 퓌메 드 푸아송을 가열하여 버터를 녹인 뒤 쌀을 넣는다. 쌀이 다 익기 직전에 고구마 퓌레(해설 생략)를 넣고 소금으로 간을 맞춘다.
2. 대구 이리는 미리 데쳐서 물기를 빼고 살라만더에서 표면에 열을 가한다.
3. ①에 ②를 넣고 가볍게 섞는다.

마무리

1. 그릇에 이리 리소토를 담고 막대 모양으로 자른 트러플과 흑마늘을 꽂는다.
2. 따뜻하게 데운 수제 발효 버터를 붓는다.

> 이리를 살라만더에 넣어 표면은 단단하게, 속은 녹아내릴 듯한 상태로 익힌다. 리소토에 넣고 난 뒤에는 너무 많이 섞지 않는다.

(→ 136쪽)

이리
이리 필름

다카다 유스케/La Cime

만드는 법

① 이리를 뜨거운 소금물에 담가 살짝 익힌 뒤 물기를 뺀다.

② 그릇에 ①을 담고 이리 필름을 씌운다.

흰색을 기조로 하여 아주 심플하게 구성한 요리다. 그릇은 흰색인 것보다 그림이나 문양이 있는 것이 플레이팅하기 쉽다.

(→ 138쪽)

아브루가/백합 뿌리/레몬
레몬 풍미를 더한 사바용 소스

가나야마 야스히로/하얏트 리젠시 하코네 리조트 & 스파 'Berce'

만드는 법

① 아브루가를 크넬 모양으로 떠서 그릇에 담고 옆에 레몬 풍미를 더한 사바용 소스를 휘핑기로 짠다.

② ①의 사바용 소스에 소금물에 데친 백합 뿌리를 곁들인 뒤 타라곤을 장식한다.

③ 올리브 오일(코레졸라^{correggiola} 품종)을 떨어뜨린다.

마무리로 떨어뜨리는 올리브 오일은 맛이나 향이 강하지 않고 부드러운 풍미를 지닌 코레졸라 품종을 사용한다.

(→ 142쪽)

무라코시 샤모종 닭고기 쇼프루아
서양 고추냉이로 만든 소스

아라이 노보루/Hommage

만드는 법

① 닭가슴살(무라코시 샤모종)을 폰즈에 재워 마리네한다.

② ①의 닭가슴살을 뜨거운 물에 살짝 데친다.

③ ②가 한 김 식으면 망에 올려 서양 고추냉이로 만든 소스를 끼얹고 잠시 그대로 두면서 굳히는 과정을 3번 반복한 뒤 냉장고에 넣고 차갑게 굳힌다.

④ 발라낸 털게 살과 캐비아, 잘게 다진 에샬롯을 수제 마요네즈로 버무린 뒤 에스플레트 고춧가루를 뿌린다.

⑤ ③을 그릇에 담고 ④를 올린 뒤 마이크로 래디시 잎과 마이크로 코리앤더 잎, 붉은 옥살리스를 장식한다.

소스는 굳으면 금이 가기 쉬우니 닭가슴살에 여러 번 겹쳐서 바른다.

(→ 144쪽)　　　　　　　　　(→ 146쪽)　　　　　　　　　(→ 148쪽)

가와마타 샤모종 닭고기/당근
가와마타 샤모종 닭고기와 당근으로 만든 소스, 포르치니 거품

나마이 유스케/Ode

만드는 법

발로틴

❶ 닭다리살(가와마타 샤모종)을 갈고 고기 무게의 1.2%가 되는 소금과 후추, 달걀흰자를 넣어 섞는다. 잘게 다진 돼지 귀*를 더해 다시 섞는다.

❷ 넓게 편 닭가슴살(가와마타 샤모종)에 ①을 얹고 동그랗게 감싼다. 이것을 크레핀crépine●으로 한 번 더 감싼 뒤 지름이 10cm인 원기둥 모양으로 만든다. 랩을 씌운 뒤 요리용 실로 묶어 형태를 고정시킨다.

❸ ②를 56°C로 맞춘 워터 배스에 넣고 30~40분간 가열한다.

❹ 프라이팬에 수제로 만든 라드를 녹이고 ③의 표면을 노릇하게 굽는다.

*돼지 귀를 하루 동안 슈미르 와인에 재웠다가 두 번째 우린 퐁 드 볼라유에 넣고 끓인 뒤 냉장고에 넣어 차갑게 식힌 것.
●돼지나 소의 내장을 덮고 있는 그물 모양 지방.

가니시

❶ 당근 퓌레를 만든다. 당근을 얇게 썰어서 두 번째 우린 퐁 드 볼라유에 넣고 끓이다가 소금으로 간을 맞춘다.

❷ ①을 믹서로 갈아 퓌레를 만든다.

❸ 당근 소테를 만든다. 미니 당근을 라드로 소테한다.

❹ 당근 에멩세émincé●●를 만든다. 당근을 얇게 썰어서 뜨거운 물에 살짝 데친 뒤 비네그레트로 버무린다.

●●익히기 전에 재료를 얇게 잘라 조리한 것.

마무리

❶ 그릇에 1.5cm 두께로 자른 발로틴을 담는다.

❷ 당근 퓌레와 소테, 에멩세를 곁들인다.

❸ 가와마타 샤모종 닭고기와 당근으로 만든 소스를 붓고 발로틴 위에 포르치니 거품을 올린다.

> 가와마타 샤모종 닭고기로 낸 육수를 매개로 하여 농축된 당근 맛을 느낄 수 있도록 만든 요리다. 가니시 역시 당근으로만 준비했다.

무라코시 샤모종 닭고기 구이
브로콜리 퓌레와 브로콜리 퀴노아

아라이 노보루/Hommage

만드는 법

무라코시 샤모종 닭고기 구이

❶ 뼈를 제거하지 않은 닭가슴살(무라코시 샤모종)에 소금을 뿌린다. 봉지에 넣고 60°C로 설정한 워터 배스에 담가 1시간 동안 가열한다.

❷ 쌀겨기름을 넉넉하게 두르고 달군 프라이팬에 ①의 닭고기를 껍질이 아래로 향하게 올려서 굽는다.

가니시

❶ 퀴노아를 삶아서 건조시킨 뒤 180°C로 가열한 쌀겨기름에 튀기고 소금을 뿌린다.

❷ 퀴노아를 삶아서 올리브 오일과 레몬즙을 넣고 버무린 뒤 소금을 뿌린다.

마무리

❶ 무라코시 샤모종 닭고기 구이를 1인분 분량으로 썰어 그릇에 담고 옥살리스 잎을 곁들인다.

❷ 브로콜리 퓌레를 동그랗게 올리고 옥살리스 꽃을 장식한다.

❸ 브로콜리 퀴노아를 크넬 모양으로 떠서 담고 옥살리스 꽃을 장식한다.

❹ 가니시로 준비한 두 가지 퀴노아를 각각 담는다.

> 닭고기는 기름에 튀기듯이 구워 껍질 면을 고소하면서도 바삭하게 만든다.

닭가슴살 라케
장미 버터와 쥐 드 풀레

다카다 유스케/La Cime

만드는 법

❶ 닭가슴살을 소금과 타임, 월계수 잎, 레몬즙으로 마리네한다.

❷ ①을 온도 80°C, 습도 100%로 설정한 스팀 컨벡션 오븐에 넣고 가열한 뒤 길쭉하게 자른다.

❸ ②가 식으면 쥐 드 풀레를 발라 살라만더에서 굽고 말리는 과정을 3번 반복한다.

❹ ③을 그릇에 담고 그 위에 카카오닙스를 뿌린다.

❺ 별도의 그릇에 장미 버터를 담고 장미 꽃잎으로 덮어서 ④에 곁들인다.

> 장미 버터를 얹었을 때 열에 녹아내릴 수 있도록 닭가슴살을 따뜻한 상태로 제공한다. 그릇도 충분히 데워둔다.

(→ 150쪽)

메추라기/곰보버섯/ 그린 아스파라거스
메추라기 쥐

가나야마 야스히로/하얏트 리젠시 하코네 리조트 & 스파 'Berce'

만드는 법

메추라기 구이

❶ 메추라기를 뼈를 남긴 상태로 손질한 뒤 소금을 뿌린다. 프라이팬에 올려 강불에서 갈색이 나도록 굽는다. 230℃의 오븐으로 옮기고 고기를 넣었다 꺼냈다 반복하면서 로스트한다.

❷ ①에서 가슴살을 잘라낸다.

곰보버섯

곰보버섯을 씻은 뒤 적당한 크기로 잘라 프라이팬에 노릇하게 굽는다.

그린 아스파라거스

올리브 오일을 두르고 달군 프라이팬에 그린 아스파라거스(이탈리아산)를 볶는다.

마무리

❶ 그릇에 메추라기 구이를 담고 메추라기 쥐를 붓는다.

❷ 곰보버섯과 그린 아스파라거스를 곁들이고 오라크를 장식한다.

> 봄을 알리는 곰보버섯과 그린 아스파라거스가 메추라기 쥐와 함께할 때 서로 돋보이도록 요리를 심플하게 구성했다.

(→ 152쪽)

브레스산 비둘기 구이/ 다리살로 만든 크로메스키
중식 스타일 죽과 비둘기 내장 소스

아라이 노보루/Hommage

만드는 법

브레스산 비둘기 구이

❶ 비둘기(브레스산)를 뼈를 남긴 상태로 손질한 뒤 65℃로 설정한 워터 배스에 넣고 25분간 데운다.

❷ 프라이팬에 쌀겨기름을 1cm 깊이로 붓고 불에 올린다. ①의 껍질이 아래로 향하게 프라이팬에 올리고 겉면만 튀기듯이 굽는다.

❸ ②를 따뜻한 장소에 두어 남은 열로 속을 익힌 뒤 가슴살과 안심살을 잘라낸다.

다리살로 만든 크로메스키

❶ 비둘기(브레스산) 다리살을 잘게 깍둑썰기 한 뒤 태운 버터를 넣고 볶는다.

❷ 버터에 간 마늘과 잘게 다진 파슬리를 섞어 마늘 버터를 만든다.

❸ ①과 ②를 합쳐 반구형 틀을 채우고 냉장고에 넣어 차갑게 굳힌다. 이것을 2개 겹쳐 공처럼 둥글게 만든다.

❹ ③에 박력분과 달걀물, 빵가루를 순서대로 입힌 뒤 160℃로 가열한 쌀겨기름에 튀긴다.

마무리

❶ 그릇에 중식 스타일로 만든 죽을 동그랗게 담고 그 앞쪽에 비둘기 내장 소스를 죽보다 작은 동그라미 형태로 담는다.

❷ ①에 브레스산 비둘기 가슴살과 안심 구이를 올리고 프랑스산 천일염인 플뢰르 드 셀을 뿌린다. 다리살로 만든 크로메스키도 옆에 곁들인다.

❸ 비네그레트로 버무린 별꽃과 크레송 새싹을 장식한다.

> 소스의 양은 중식 스타일 죽 비둘기 내장 소스보다 많게 그릇에 담는다. 두 가지가 섞였을 때 간이 가장 적당한 비율을 찾는다.

(→ 154쪽)

사보이 양배추로 싼 페르드로와 랑구스틴
랑구스틴 풍미를 더한 사바용 소스

아라이 노보루/Hommage

만드는 법

❶ 페르드로의 뼈를 발라내고 가슴살을 평평하게 저민다. 쌀겨기름을 넣고 달군 프라이팬에 가슴살을 올리고 양면을 소테한 뒤 소금을 뿌린다.

❷ 랑구스틴을 푸알레하고 껍데기를 벗긴 뒤 소금을 뿌린다.

❸ 사보이 양배추는 가늘게 채 썰어 소금물에 데친 뒤 달군 프라이팬에 버터를 넣고 쉬에한다. 물을 더해 끓이면서 소금과 후추로 간을 맞춘다.

마무리

❶ 사보이 양배추를 데친 뒤 지름이 10cm인 원 모양으로 자른다.

❷ ①을 그릇에 펼치고 원의 반쪽에 쉬에한 사보이 양배추를 올린다. 그 위에 길쭉하고 얇게 저민 페르드로 고기와 반으로 자른 랑구스틴을 올린 뒤 사보이 양배추를 반으로 접어 반달 모양을 만든다.

❸ ②의 옆에 랑구스틴 풍미를 더한 사바용 소스를 휘핑기에 담아 동그랗게 짜고 에스플레트 고춧가루를 뿌린다.

> 페르드로와 랑구스틴이라는 산과 바다의 식재료를 조합한 요리다. 먹기 편하면서도 랑구스틴과 서로 식감을 보완해줄 수 있도록 페르드로 고기를 가늘고 길게 자른다.

(→ 156쪽)

(→ 158쪽)

(→ 160쪽)

뇌조 구이
흰강낭콩 프리카세와 전복 내장 소스

아라이 노보루/Hommage

청둥오리/올리브/은행
청둥오리 쥐

가나야마 야스히로/하얏트 리젠시 하코네 리조트 & 스파 'Berce'

푸아그라/머위 꽃줄기
머위 꽃줄기 아이스크림

나마이 유스케/Ode

만드는 법

뇌조 구이

❶ 뇌조 가슴살을 뼈를 남긴 상태로 손질한 뒤 소금을 뿌린다. 프라이팬에 올려 강불에서 갈색이 나도록 굽는다. 오븐에 옮기고 넣었다 꺼내기를 반복하면서 로스트한다.

❷ ①에서 가슴살을 베어내고 1인분 분량으로 자른다.

전복찜

❶ 전복은 껍데기를 떼어내고 알맹이를 씻는다.

❷ 압력솥에 ①과 다시마 물, 생햄, 전복을 찐 국물*을 넣고 30분간 가열한 뒤 그대로 식힌다.

❸ ②를 1인분 분량으로 자른다.

*앞서 전복찜을 준비할 때 전복을 찌면서 나온 국물을 냉장고에 보관해두었다가 사용한다.

전복 내장 슈페츨레*

❶ 전복 내장과 강력분, 달걀, 물을 한데 넣고 반죽한 뒤 짤주머니에 채운다.

❷ 쌀겨기름을 두르고 달군 프라이팬에 ①을 짜서 떨어뜨리며 튀긴 뒤 소금을 뿌린다.

*밀가루와 달걀, 소금으로 만든 묽은 반죽을 끓는 물에 떨어뜨리면서 삶아 소스에 버무려 먹는 독일 요리.

마무리

❶ 그릇에 뇌조 구이와 전복찜을 나란히 올린다.

❷ 흰강낭콩 프리카세와 전복 내장 소스를 두르고 전복 내장 슈페츨레를 뿌린다.

❸ 얇게 썰어서 물에 헹군 회향을 올리고 회향 꽃과 잎을 장식한 뒤 전복 내장 파우더(해설 생략)를 뿌린다.

> 전복찜은 다시마 물이나 생햄을 넣고 쪄서 감칠맛을 높여 뇌조 구이에 뒤지지 않는 맛으로 완성한다.

만드는 법

청둥오리

❶ 청둥오리 가슴살을 잘라낸다.

❷ 프라이팬에 버터를 녹인 뒤 ①의 껍질 면이 아래로 향하게 올려서 버터를 끼얹으며 굽는다.

❸ ②가 다 구워지면 고기를 꺼내 기름을 뺀 뒤 양면에 소금과 후추를 뿌린다.

❹ ③을 1인분 분량으로 자른다.

은행

은행은 겉껍질을 벗기고 소금물에 데친 뒤 속껍질을 깐다.

마무리

❶ 그릇에 청둥오리를 담고 청둥오리 쥐를 곁들인다.

❷ 소금에 절인 그린 올리브(미션 품종)와 은행을 곁들이고 누아제트 오일로 버무린 새싹 채소를 장식한다.

❸ 올리브 오일(타자스카 품종)을 떨어뜨린다.

> 청둥오리 특유의 깊은 풍미에 올리브의 짠맛과 누아제트 오일의 감칠맛이 어우러져 요리의 균형을 이룬다.

만드는 법

푸아그라 푸알레

❶ 푸아그라를 1cm 두께로 잘라 박력분을 입히고 소금을 뿌린다.

❷ ①을 테플론 가공한 프라이팬에 올려 푸알레 한다.

양파 튀일

❶ 카라멜리제한 양파를 콩소메(해설 생략)에 넣고 끓인다.

❷ ①을 체에 거르고 식물성 젤라틴을 녹인다.

❸ ②를 나뭇잎 모양 틀에 붓고 80℃의 오븐에서 1시간 동안 가열하여 엿 상태로 굳힌다.

마무리

❶ 나무 그루터기 그릇에 푸아그라 푸알레와 크넬 모양으로 뜬 머위 꽃줄기 아이스크림을 담는다.

❷ 푸아그라 푸알레에 양파 튀일을 여러 장 올린다.

> '레스토랑에서 한동안 사용하지 않았던 푸아그라를 지금 요리한다면 어떨까?'라는 생각에서 출발한 요리다. 푸아그라의 단맛과 균형을 이룰 맛으로 씁쌀한 머위 꽃줄기를 선택했다.

(→ 162쪽)　　　　　　　　(→ 164쪽)　　　　　　　　(→ 166쪽)

토끼고기/당근/아니스
토끼고기 쥐

홋카이도산 사우스다운종 양고기 안심 구이
숭어 어란과 양배추 버터로 만든 소스

프노가로트스
튀긴 채소와 레드 와인으로 만든 소스

가나야마 야스히로/하얏트 리젠시 하코네 리조트 & 스파 'Berce'

아라이 노보루/Hommage

다카다 유스케/La Cime

만드는 법

파이에 싸서 구운 토끼고기

❶ 토끼의 등살과 어깨살에 소금과 후추, 설탕, 타임을 발라 하룻밤 동안 마리네한다. 80℃로 가열한 올리브 오일에 넣고 천천히 익힌 고기를 1cm 크기로 깍둑썰기 한다.

❷ 토끼 심장과 간도 ①과 같은 방법으로 마리네하고 콩피한 뒤 1cm 크기로 깍둑썰기 한다.

❸ 푸아그라를 1cm 크기로 깍둑썰기 해 프라이팬에 볶는다.

❹ ①, ②, ③을 한데 합쳐 원기둥 모양으로 빚은 뒤 냉장고에 넣고 숙성시킨다.

❺ ④를 파이 반죽으로 감싸고 표면에 달걀물을 발라 230℃의 오븐에서 13분간 굽는다.

당근 퓌레

❶ 냄비에 부채꼴 모양으로 썬 당근과 버터를 넣고 물을 바특하게 부은 뒤 뚜껑을 덮고 중간불로 푹 끓인다.

❷ ①의 수분이 날아가면서 버터가 분리되기 시작하면 물을 보충해 다시 보글보글 끓인다.

❸ ②를 믹서로 갈아 퓌레를 만든다.

마무리

❶ 파이에 싸서 구운 토끼고기를 그릇에 담고 토끼고기 쥐를 동그랗게 붓는다.

❷ 크넬 모양으로 뜬 당근 퓌레를 곁들이고 아니스 씨를 뿌린 뒤 야생 회향을 장식한다.

> 파이 반죽에 채울 토끼고기는 콩피 과정을 거쳐 건조해지는 것을 막는다. 그러면 고기를 그냥 사용할 때보다 조리하기가 한결 수월한 이점도 있다.

만드는 법

❶ 어린 양고기(홋카이도산 사우스다운 품종) 안심은 소금을 뿌려 오븐에 굽는다.

❷ ①을 1cm 두께로 잘라 덩어리를 나눈다.

❸ 그릇에 숭어 어란과 양배추 버터로 만든 소스를 붓고 ②를 가지런히 올린다. 데친 방울양배추, 잘게 썬 숭어 어란과 마이크로 래디시, 한련화 잎을 보기 좋게 장식한 뒤 방울양배추 위에 소스를 뿌린다.

> 귀한 홋카이도산 어린 양고기를 한 마리 통으로 구입해서 사용했다. 손질하고 남은 자투리 고기는 다지고 뼈로는 양고기 쥐를 만드는 등 알뜰하게 남김없이 활용한다.

만드는 법

❶ 소고기 등심을 얇게 저민 뒤 표고버섯 불린 물을 따뜻하게 데워 포셰한다.

❷ ①에 튀긴 채소와 레드 와인으로 만든 소스를 입힌다.

❸ ②의 표면에 얇게 썬 무를 붙이듯이 장식한다.

> 소고기를 퐁에 넣고 끓인 '스트로가노프'라는 요리를 레드 와인 풍미의 소스와 포셰한 소고기로 재현한 요리다. 튀긴 채소의 깊은 감칠맛과 단맛이 큰 역할을 한다.

(→ 168쪽)

(→ 170쪽)

(→ 172쪽)

에조 사슴 숯불구이
지롤버섯과 소금에 절인 다랑어 퓌레

사슴고기/우엉
사슴고기와 우엉 쥐

에조 사슴/비트/서양배
비트 쥐

다카다 유스케/La Cime

나마이 유스케/Ode

가나야마 야스히로/하얏트 리젠시 하코네 리조트 & 스파 'Berce'

만드는 법

❶ 에조 사슴 등심을 숯불에 구워 먹기 좋은 두께로 자른다.
❷ 지름이 10cm인 무스틀을 그릇에 놓고 ①을 담은 뒤 소금을 뿌린다. 지롤버섯과 소금에 절인 다랑어 퓌레를 크넬 모양으로 떠서 곁들인다.
❸ ②에 살짝 볶은 메밀잣밤나무 열매와 잣을 장식하고 소금에 절인 다랑어를 깎아서 뿌린 뒤 무스틀을 뺀다.

> 에조 사슴을 잡은 사냥꾼이 고기와 함께 보내준 메밀잣밤나무 열매와 잣에서 아이디어를 얻은 요리다. 지롤버섯이 자라는 숲속 풍경을 상상하며 플레이팅했다.

만드는 법

에조 사슴 구이

에조 사슴 등심에 에조 사슴 비계를 말아 300℃의 오븐에 넣고 굽는다. 고기를 넣었다 꺼냈다 반복하면서 장밋빛이 도는 상태로 익힌다.

에조 사슴 소시송*

❶ 에조 사슴을 손질하며 나온 자투리 고기를 갈아서 에조 사슴 비계와 소금, 후추, 사슴고기와 우엉 쥐를 넣고 반죽한다.
❷ ①을 엄지손가락 크기로 떼어 모양을 다듬고 돼지 크레핀으로 감싼 뒤 프라이팬에 올려 표면을 굽는다.
❸ ②를 300℃의 오븐에 넣고 속까지 익힌다. 다 구워지기 직전에 월계수 가지를 꽂고 가지가 타지 않도록 주의하며 마저 굽는다.
*말린 소시지.

흑우엉

❶ 발사믹 식초와 수제 마요네즈를 섞는다.
❷ 흑우엉*에 ①을 바르고 붉은 옥살리스 잎을 붙인다.
*흑마늘을 만들듯이 고온고압으로 쪄서 숙성시킨 우엉으로 단맛과 감칠맛이 강하다.

마무리

❶ 에조 사슴 구이를 먹기 좋은 크기로 썰어서 그릇에 담고 소금을 뿌린다.
❷ 포르치니를 넣은 감자 퓌레(해설 생략)를 곁들이고 그 위에 에조 사슴 소시송을 올린다.
❸ 사슴고기와 우엉 쥐를 붓고 흑우엉을 곁들인다.

> 에조 사슴은 육질이 연해서 금방 단단하게 익기 쉽다. 이를 방지하고자 고기를 손질하면서 나온 지방질로 고기를 감싸 촉촉하게 익혀냈다.

만드는 법

에조 사슴 구이

❶ 에조 사슴(암컷, 3세) 등심을 뼈가 붙어 있는 상태로 손질해서 씻은 뒤 프라이팬에 노릇하게 굽는다.
❷ ①을 손질하면서 나온 지방질을 오븐용 팬에 깔고 그 위에 ①을 올려 230℃의 오븐에 넣는다. 고기를 넣었다 꺼냈다 반복하면서 장밋빛이 도는 상태로 익힌다.
❸ ②의 표면을 프라이팬에 살짝 구운 뒤 뼈 하나가 붙어 있는 형태로 고기를 자른다.

서양배

서양배를 빗 모양으로 썰고 올리브 오일을 바른다.

아렛타 브로콜리

아렛타 브로콜리를 프라이팬에 소테한 뒤 소금을 뿌린다.

마무리

❶ 그릇에 에조 사슴 구이를 담고 소금을 뿌린 뒤 비트 쥐를 곁들인다.
❷ 서양배와 아렛타 브로콜리를 곁들인다. 서양배 옆에 바롤로 와인 식초를 섞은 머스터드를 담고 통카빈을 갈아서 뿌린다.

> 미디엄 레어로 탐스럽게 구운 에조 사슴고기에 바롤로 와인 식초와 머스터드, 통카빈 같은 다양한 향을 더해 섬세한 맛을 표현했다.

아라이 노보루
Hommage

닭고기 육수

재료

통닭(무라코시 샤모종) ⋯ 3kg
다시마 물* ⋯ 6ℓ
*물에 다시마를 담가 하룻밤 두었다가 거른 것.

만드는 법

❶ 용기에 통닭(무라코시 샤모종)과 다시마 물을 담는다. 뚜껑을 덮고 85°C로 설정한 스팀 컨벡션 오븐에서 8시간 동안 가열한 뒤 그대로 식힌다.
❷ ①을 걸러서 냄비에 옮겨 끓인다. 거품을 걷어 내면서 양이 2/3로 줄 때까지 졸인다.

> 아라이 노보루 셰프의 기본 육수다. 손질하고 남은 닭 뼈 대신 닭을 통으로 사용해서 진한 향과 깊은 맛을 낸다.

퐁 드 볼라유

재료

살을 발라낸 닭 뼈(무라코시 샤모종) ⋯ 3kg
물 ⋯ 6ℓ
당근 ⋯ 1개
양파 ⋯ 1개
셀러리 ⋯ 3대
토마토 페이스트 ⋯ 80g
월계수 잎 ⋯ 1장
타임(건조) ⋯ 2줄기
통 백후추 ⋯ 적당량

만드는 법

❶ 용기에 닭 뼈(무라코시 샤모종)와 물을 붓고 큼직하게 썬 당근과 양파, 셀러리, 토마토 페이스트, 말린 타임, 통 백후추를 넣는다. 뚜껑을 덮고 85°C로 설정한 스팀 컨벡션 오븐에서 8시간 동안 가열한 뒤 그대로 식힌다.
❷ ①을 다음 날 체에 걸러서 냄비에 붓고 끓인다. 액체의 양이 1ℓ로 줄 때까지 졸인다.

> 광택이 나며 반짝반짝해지기 전까지 졸인 닭 육수다. 퐁 드 보 같은 깊은 맛을 내고 싶을 때 사용한다.

쥐 드 랑구스틴

재료

랑구스틴 껍데기 ⋯ 1kg
당근 ⋯ 200g
양파 ⋯ 100g
셀러리 ⋯ 100g
타임(생) ⋯ 2줄기
마늘 ⋯ 1쪽
코냑, 화이트 와인 ⋯ 적당량씩
물 ⋯ 2ℓ
토마토 페이스트 ⋯ 50g
쌀겨기름 ⋯ 적당량

만드는 법

❶ 쌀겨기름을 두르고 달군 육수통에 적당한 크기로 자른 랑구스틴 껍데기를 볶다가 얇게 썬 당근과 양파, 셀러리, 타임, 마늘을 넣고 볶는다.
❷ ①에 코냑을 넣고 불을 붙여 알코올 성분을 날린 뒤 화이트 와인과 물을 부어 보글보글 끓인다.
❸ ②에 토마토 페이스트를 넣고 30분간 끓인 뒤 체에 걸러서 농도가 진해질 때까지 졸인다.

> 신선한 랑구스틴으로 만드는 갑각류 육수다. 바닷가재 껍데기를 넣어서 만들기도 한다.

가나야마 야스히로
하얏트 리젠시 하코네 리조트 & 스파 'Berce'

쥐 드 피죵

재료

살을 발라낸 비둘기 뼈 … 500g
에샬롯 … 60g
마늘 … 1쪽
퐁 드 볼라유 … 750cc
물 … 750cc
월계수 잎 … 1장
쌀겨기름 … 적당량

만드는 법

❶ 살을 발라낸 비둘기 뼈를 칼로 두드려서 조각낸 뒤 쌀겨기름을 두르고 달군 프라이팬에 넣고 볶는다.
❷ ①에 얇게 썬 에샬롯과 마늘을 넣고 볶다가 퐁 드 볼라유와 물을 넣고 끓인다. 팔팔 끓으면 월계수 잎을 넣고 30분간 국물을 우려낸다.
❸ ②를 걸러서 냄비에 담고 감칠맛이 돌 때까지 졸인다.

> 비둘기고기 요리에 사용하는 쥐다. 오리고기나 사슴고기로 만들기도 한다.

퓌메 드 랑구스틴

재료

랑구스틴 집게발 … 400g
화이트 와인 … 100cc
물 … 600cc

만드는 법

❶ 랑구스틴 집게발을 적당히 잘라서 170℃의 오븐에 넣고 20분간 굽는다.
❷ 냄비에 ①과 화이트 와인, 물을 넣고 30분간 졸인 뒤 국물을 거른다.

> 나라현 혹은 시즈오카현에서 잡은 신선한 랑구스틴으로 만드는 갑각류 육수다. 바닷가재 요리 등에 활용한다.

부용 드 레귐

재료

푸아로 … 30g
당근 … 70g
양파 … 50g
회향 … 30g
셀러리 … 60g
물 … 700cc
소금 … 한 자밤

만드는 법

❶ 채소 재료를 아주 가늘게 채 썰어서 물과 함께 냄비에 넣고 불에 올린다.
❷ ①이 팔팔 끓어오르면 약불로 줄여서 30분간 끓인 뒤 소금으로 간을 맞추고 거른다.

> 채소 요리나 조개 요리에서 맛의 베이스 역할로 폭넓게 활용한다.

다카다 유스케
La Cime

닭고기 부용

재료

살을 발라낸 닭 뼈 … 3kg
노계 … 1/2 마리
물 … 7ℓ
암염 … 약간
얼음 … 적당량
양파 … 250g
당근 … 100g
셀러리 … 50g
푸아로(녹색 부분) … 적당량
마늘 … 50g
부케 가르니 … 1묶음

만드는 법

❶ 닭 뼈를 물(분량 외)에 담가 핏물을 뺀다.
❷ 노계의 내장과 꼬리 부분의 기름을 제거하고 흐르는 물에 내장을 깨끗이 씻는다.
❸ ②를 육수통에 넣고 물을 부은 뒤 암염을 넣고 강불에서 끓인다.
❹ 끓어오르기 직전에 얼음을 넣어 온도를 낮춘 뒤 다시 가열하면서 거품을 충분히 걷어낸다.
❺ ④에 가로 방향으로 반 자른 양파와 당근, 큼직하게 썬 셀러리와 푸아로, 마늘, 부케 가르니를 넣고 국물이 천천히 대류하는 상태를 유지하며 약불에서 2~3시간 동안 끓인다.
❻ 체에 거른다.

> 라심에서 사용하는 가장 활용도 높은 육수로, 살을 발라낸 닭 뼈와 맛이 잘 우러나는 노계를 함께 사용한다. 다른 퐁이나 쥐의 베이스로 활용하는 한편 고기 등 재료를 삶을 때도 활용한다.

퐁 블랑 드 보

재료

송아지 뼈 … 6kg
송아지 다리 … 1개
물 … 12ℓ
암염 … 약간
얼음 … 적당량
양파 … 500g
당근 … 200g
셀러리 … 100g
마늘 … 2개
부케 가르니 … 1묶음

만드는 법

❶ 송아지 뼈와 다리를 물(분량 외)에 담가 핏물을 뺀다.
❷ ①을 육수통에 넣고 물을 부은 뒤 암염을 넣고 강불에서 끓인다.
❸ 끓어오르기 직전에 얼음을 넣어 온도를 낮춘 뒤 다시 가열하면서 거품을 충분히 걷어낸다.
❹ ③에 가로 방향으로 반 자른 양파와 칼집을 넣은 당근, 큼직하게 썬 셀러리, 가로로 반 자른 마늘, 부케 가르니를 넣고 국물이 천천히 대류하는 상태를 유지하면서 7시간 동안 끓인다.
❺ 체에 거른다.

> 송아지 뼈와 다리를 넣고 우려내어 젤라틴 성분을 풍부하게 함유하고 있는 퐁이다. 수프의 베이스로 쓰거나 물과 섞어 채소 요리에 사용하기도 한다.

부용 드 레귐

재료

당근 … 250g
양파 … 400g
셀러리 … 150g
자투리 채소 … 적당량
허브 줄기 … 적당량
월계수 잎 … 1장
물 … 5ℓ

만드는 법

❶ 당근과 양파, 셀러리를 각각 채 썬다.
❷ 냄비에 물을 넣고 끓이다가 모든 재료를 한 번에 넣고 약불에서 2시간 동안 끓인 뒤 거른다.

> 동물성 육수처럼 깊은 맛이 나는 'New Basic Stock(166쪽)'과 채소 요리의 국물 등에 활용하는 가장 기본적인 육수인 부용 드 레귐을 항상 채소 육수로써 준비해둔다.

나마이 유스케
Ode

돼지고기 부용

재료

돼지고기 사태 … 5kg
암염, 물 … 적당량씩

만드는 법

❶ 돼지고기 사태를 물에 씻는다.
❷ 돼지고기 사태에 소금을 수북이 덮어서 냉장고에 넣고 1주일간 염장한다.
❸ ②를 흐르는 물에 1시간 동안 담가 소금기를 뺀 뒤 한 번 데치고 물을 따라 버린다.
❹ 육수통에 ③과 물을 넣고 맛이 우러날 때까지 3~4시간 동안 가열한 뒤 체에 거른다.

> 염장한 돼지고기 사태를 우려내어 감칠맛과 염분, 젤라틴이 풍부하게 느껴지는 부용이다. 맛이 깔끔하면서도 개성이 강해서 72쪽에 선보인 주꾸미와 산초나무 순처럼 풍미가 강한 요리와 함께 주로 사용한다.

퐁 드 볼라유

재료

살을 발라낸 닭 뼈(가와마타 샤모종) … 5kg
물 … 닭 뼈가 잠길 정도의 양
당근 … 2개
양파(껍질째) … 3개
셀러리 … 3대
통 흑후추, 클로브, 월계수 잎, 타임 … 적당량씩

만드는 법

❶ 육수통에 닭 뼈와 물을 붓고 불에 올린 뒤 끓어오르면 거품을 걷어낸다. 거품이 줄어들면 크게 휘저어서 섞고 불을 약하게 줄인다.
❷ ①이 끓어오르지 않도록 주의하면서 1시간 반~2시간 동안 끓이며 맛을 우린다.
❸ ②에 큼직하게 썬 당근과 가로로 반 자른 양파, 통 흑후추, 클로브를 넣고 30분~1시간 동안 우린다.
❹ ③에 월계수 잎과 타임을 넣은 뒤 곧바로 체에 거른다.

> 나마이 유스케 셰프가 애용하는 기본 육수다. 단맛이 강해지지 않도록 채소는 최소한으로 넣는다.

퓌메 드 푸아송

재료

대구 서덜 … 10kg
물 … 20ℓ
청주 … 250cc
다시마 … 1장
양파 … 1개
셀러리 … 2대
생강, 통 백후추 … 적당량씩

만드는 법

❶ 대구 서덜을 흐르는 물에 씻는다.
❷ 육수통에 ①과 물, 청주, 다시마를 넣고 불에 올린다. 팔팔 끓어오르면 거품을 걷어낸 뒤 살짝 부글거리기 직전의 온도가 되도록 불을 조절해서 1시간 동안 끓이며 맛을 우린다.
❸ 가로로 반 자른 양파와 각기 채 썬 셀러리와 생강, 통 백후추를 넣어 30~45분간 더 끓여낸 뒤 국물을 거른다.

> 흰살 생선 서덜은 폭넓게 활용할 수 있다. 현재 업장에서는 츠키지 시장 업자를 통해 매입한 대구 서덜을 사용한다.

메구로 고타로
Abysse

퐁 드 보

재료

소뼈 … 10kg
소고기 사태 … 5kg
마늘 … 1개
양파 … 5개
당근 … 3개
셀러리 … 4대
토마토 페이스트 … 50g
레드 와인 … 약간
파슬리 줄기, 월계수 잎, 통 흑후추 … 적당량씩
물 … 20ℓ

만드는 법

❶ 소뼈와 사태를 오븐용 팬에 놓고 250℃의 오븐에서 타기 직전까지 충분히 굽는다.
❷ 올리브 오일을 두르고 달군 냄비에 으깬 마늘을 볶는다. 마늘 향이 나면 잘게 깍둑썰기 한 양파와 당근, 셀러리를 넣고 토마토 페이스트와 약간의 레드 와인을 더해 바짝 볶는다.
❸ 육수통에 ①과 ②를 넣고 물을 부어 불에 올린다. 레드 와인과 파슬리 줄기, 월계수 잎, 통 흑후추를 더해 살짝 부글거리기 직전의 상태를 유지하면서 졸인다. 거품은 걷어내고 수분이 부족하면 물을 더해가면서 2시간 동안 끓이다가 어느 정도 농도가 진해지면 불을 끄고 국물을 거른다.
❹ ③을 냄비에 옮겨 담고 물(분량 외)을 보충해서 졸이다가 농도가 알맞아지면 국물을 거른다. 이 과정을 2~3번 반복한다.

> 소스에 깊은 감칠맛을 내고 싶을 때 활용한다. 졸이는 과정을 반복하면서 맛의 밸런스가 더욱 정교해지고 뒷맛이 깔끔한 육수가 만들어진다.

부용 드 풀레

재료

노계(수탉, 1마리를 8등분 한 것) … 2마리 분량
물 … 적당량

만드는 법

❶ 냄비에 노계 1마리 분량을 담고 물을 바특하게 부어 85℃에서 12시간 동안 끓인 뒤 국물을 거른다. 끓이는 동안 국물이 팔팔 끓지 않도록 불을 조절하고 물이 줄어들면 보충해준다.
❷ 냄비에 ①과 남은 노계 1마리 분량을 넣고 다시 물을 보충해주면서 85℃에서 12시간 동안 끓인 뒤 국물을 거른다.

> 콩소메처럼 진하면서도 맑은 육수다. 소스에 포인트가 되어주거나 감칠맛을 보완하는 용도로 사용한다.

쥐 드 풀레

재료

노계(수탉, 3cm 크기로 자른 것) … 2kg
버터 … 100g
양파 … 2개
마늘 … 3쪽
퐁 블랑 … 2ℓ
쌀겨기름 … 적당량

만드는 법

❶ 쌀겨기름을 두르고 달군 코코트 냄비에 노계를 넣어 노릇노릇한 색이 날 때까지 굽는다.
❷ 버터와 양파, 마늘을 더해 볶는다.
❸ ②의 버터 색이 변하면 퐁 블랑을 붓고 30분간 끓인 뒤 국물을 거른다.
❹ ③을 냄비에 옮겨 담고 맛이 올라올 때까지 졸인 뒤 소금으로 간을 맞춘다.

> 고기 요리 없이 어패류 요리로 코스를 구성하는 메구로 고타로 셰프가 코스에 '고기 요소'를 넣고 싶을 때 사용한다.

퐁 블랑

재료

살을 발라낸 닭 뼈 … 5kg
물 … 5ℓ

만드는 법

❶ 육수통에 깨끗이 씻은 닭 뼈와 물을 넣고 불에 올린다.
❷ 끓어오르면 거품을 걷어내면서 4시간 동안 푹 끓인 뒤 국물을 거른다.

쥐 드 풀레나 푸아송 수프를 만들 때 물 대신 사용한다.

퓌메 드 푸아송

재료

대구 등뼈 … 5마리 분량
다시마 … 10g
물 … 1ℓ

만드는 법

❶ 대구 등뼈를 깨끗이 씻고 소금을 뿌려 10분간 둔다.
❷ ①을 끓는 물에 살짝 데친 뒤 찬물에 담가 핏물을 뺀다.
❸ ②와 다시마, 물을 냄비에 넣고 불에 올린다. 내용물이 끓어오르면 거품을 걷어내면서 약불에서 45분간 가열한 뒤 국물을 거른다.

너무 팔팔 끓이면 국물이 탁해지고 잡내가 우러나므로 미세하게 끓는 상태를 유지한다.

쿠르부용

재료

물 … 500cc
당근 … 100g
양파 … 100g
셀러리 … 100g
회향 … 50g
레몬타임 … 적당량

만드는 법

❶ 냄비에 물을 넣고 불에 올린다. 물이 팔팔 끓어오르면 아주 얇게 썬 당근과 양파, 셀러리, 회향을 넣는다. 불을 조절하여 미세하게 끓는 상태를 유지한 채 거품을 걷어내면서 15분간 끓여 맛을 우린다.
❷ ①에 레몬타임을 넣고 불을 끈다. 뚜껑을 덮은 상태로 5분간 둔 뒤 국물을 거른다.

채소를 강불에 끓이면 국물이 탁해질 수 있으니 불 조절에 주의한다.